한나 아렌트의 생각

Thoughts of Hannah Arendt
What does Hannah Arendt tell us todaty?

By Kim Seon-Wook

Published by Hangilsa Publishing Co., Ltd., Korea, 2017

한나 아렌트의 생각

오늘 우리에게 한나 아렌트는 무엇을 말하는가

김선욱 지음

My Little Library *1

한길사

"전체주의적 해결책들은
전체주의 정권의 몰락 이후에도
언제든 다시 나타날
강한 유혹물의 형태로 살아남을 것이다."

· 한나 아렌트

아렌트에게서 찾은 촛불
· 책 머리에 붙이는 말

2016~17년의 촛불집회는 단지 정권을 바꾼 정도가 아니라 한국의 민주주의를 굳건히 세우는 계기가 되었다. 이를 지켜보면서 한나 아렌트의 정치사상을 바탕으로 촛불집회에 대한 글을 쓰고 싶었다. 현실에서 발생한 사건은 아렌트의 책을 현실로 옮겨놓았다고 생각될 정도로 그의 사상과 맞아떨어졌기 때문이다.

그러나 촛불집회 기간에 제대로 된 글을 어디에도 남기지 못했다. 개 눈에는 뭐만 보인다는 시쳇말처럼 아렌트를 전공했기에 일련의 모든 일이 온통 아렌트 사상으로만 읽히는 착시현상이 아닌가 하는 염려 때문이었다. 그러던 차에 한길사 김언호 대표님에게서 아렌트를 쉽게 소개하는 책을 한 권 준비해보라는 제안을 받았다. 그 제안 덕분에 이 책을 집필할 용기를 내게 되었다.

제안을 받은 당시에는 마음만 먹으면 금방 쓸 수 있을 것 같았다. 그러나 그것은 자만이었다. 쉽게 풀어 쓰는 일은 생각만큼 쉽지 않았다. 그러던 차에 2017년 여름, 한국형 온라인 강좌 K-MOOC의 교양강좌로 '시민 교양을 위한 정치철학: 한나 아렌트'라는 교과목을 준비해야 했다. 일반인을 대상으로 한 이 강의를 준비하면서 비로소 일반 독자의 눈높이에 맞는 글을 찾아낼 수 있었다.

이 책을 준비하는 과정에서 의미 있는 일이 생겼다. 한국아렌트학회와 한길사 공동 주최로 '한나 아렌트 학교'가 열린 것이다. 2017년 8월 말에 첫 강좌를 시작해 2018년 2월까지 계속되는 이 강좌는, 박근혜 전 대통령이 탄핵된 직후 한길사가 기획한 아렌트 특강의 성공에 힘입은 것이다. 무료가 아니라 유료로, 단지 듣기만 하는 강좌가 아니라 텍스트를 읽으면서 함께 고민하고 생각하는 집중 강좌로 총 22회의 강좌가 기획되었다. 이런 '사건'은 많은 사람이 아렌트와 더불어 오늘날 한국 사회가 어떤 모습인지 생각하고자 했기 때문에 가능할 수 있었다.

유감스럽게도 나는 마침 이 강좌 기간에 연구교수로 외국에서 지내게 되어 '한나 아렌트 학교'에 대해서는 학회장으로서 기획의 책임만을 다하고 떠나야 했다. 강좌에 참여하지 못하게 되었기에 더욱 소중한 마음으로 이 책을 저술했다. 아렌트를 연구하는 동료들과 함께 '한나 아렌트 학교'에는 참여하지 못하지만, 아렌트 사상을 개괄하는 '사상적 프로파일'을 준비함으로써 미안함과 아쉬움을 덜고 싶었다.

이 책은 아렌트 사상에 대한 개괄서로서, 최대한 군살을 빼고 날씬한 모습으로 준비했다. 독자가 한눈에 아렌트의 정치사상을 훑어볼 수 있도록 하는 것이 이 책의 목표다. 물론 여기에는 내 해석이 짙게 드리워져 있을 것이다. 만일 이 책의 내용이 강의하는 동료들의 생각과 충돌한다면 저자로서 나는 그 또한 기쁨으로 여기겠다. 이 책에 대한 비판적 독서와 논쟁을 통해 독자는 더 의미 있는 결실을 거둘 수 있기 때문이다.

이 책에는 각주가 없다. 대부분 책 내용은 내 기존 저서와 논문에서 다루었던 것이어서 굳이 넣지 않았다. 다만 각 장의 끝부분에 '참고문헌' 항목을 덧붙여, 해당 장에서 논의한 내용이 아렌트의 어떤 저술에 근거를 둔 것인지 밝혔다. 자연스럽게 아렌트 텍스트로 가는 길을 열어둔 것이다. 다른 저술들에 대해서는 최소한만 소개했다.

이 책을 저술하도록 제안해주시고 압박해주신 한길사 김언호 대표님과 편집부에 큰 감사를 드린다. 내용에 관해서는 한국아렌트학회에서 동학들과 나눈 토론이 많은 도움이 되었다.

이 책의 내용은 내가 그동안 썼던 아렌트 관련 글의 내용과 큰 차이가 없다. 다만 좀 더 보태어 생각한 부분이 있는데, 이는 연세대학교 박명림 교수에게서 받은 자극 덕분이기에 감사의 마음을 전한다. 숭실대학교 양귀섭 팀장의 권유로 진행한 K-MOOC 강좌가 이 책이 탄생하는 데 이바지했기에 그에게도 감사드린다. 이번 연구년에도 풀브라이트(Fulbright) 연구교수로 지원해주어 편안히 저술에 임할 여건을 마련해주신 한미교육위원단 심재옥 단장과 관계자분들께 깊은 감사를 드린다.

2017년 겨울 헌팅턴 비치에서
김선욱

한나 아렌트의 생각

1 아름다운 정치를 위해

한나 아렌트는 왜 중요한가

우리에게 익숙한 철학자나 정치철학자의 이름을 열거할 때 한나 아렌트^{Hannah Arendt, 1906~75}는 잘 포함되지 않는다. 대중에게 아렌트는 그리 익숙하지 않다. 그런데 2016~17년의 촛불집회와 박근혜 전 대통령 탄핵정국에 아렌트라는 이름이 언론에 많이 언급되었다. 국정농단 사건과 더불어 사람들 입에 자주 오르내린 '악의 평범성' the banality of evil 개념이 바로 아렌트의 것이었기 때문이다.

그러나 아렌트 사상의 중요성은 이 개념 하나에 머물지 않는다. 아렌트 사상은 촛불정국과 함께 우리가 어떤 정치를 이루어가고 있는지 가장 잘 설명해준다. 촛불집회를 통해 우리는 국가, 주권, 헌법, 법률, 자유, 평등, 권력, 폭력 등의 의미가 무엇인지 깊이 질문하게 되었고, 그 질문을 통해 시민이 어떤 정치를 만들어가야 하는지 고민하고 실천했다. 아렌트는 바로 이러한 정치의 본질과 그 핵심 개념들을 정확하게 짚어내어 우리에게 알려준다. 따라서 현시점에서는 아렌트와 함께 정치와 관련된 중요한 생각을 짚어볼 필요가 있다. 그만큼 아렌트는 중요하다.

이런 질문을 던져보자. 2016~17년의 촛불집회를 과연 혁명이라고 할 수 있는가? 촛불집회를 혁명이라 할 수 있는 근거는 무엇인가? 러시아혁명, 프랑스혁명과 공유할 수 있는 혁명의 요소를 갖추고 있는가? 그것이 정권만을 교체해낸 사건이라면 혁명으로 불리기에는 부족하지 않은가?

이 질문은 사실상 '혁명' 개념을 적용하는 문제에만 그치지 않는다. 촛불집회라는 사건을 통해 우리가 이 시대를 어떻게 보고 있는지, 우리가 어떤 지향점을 두고 한국 정치에 참여하고 있는지 묻는다. 이 질문은 혁명의 개념을 묻는 것이지만, 이와 동시에 한국 민주주의 역사에 대한 질문, 즉 그동안 한국 정치가 정말로 민주적이었는지 묻는다. 이는 결국 서구에서 들어온 개념으로서의 '혁명'의 의미를 다시 되돌아보게 하고, 우리의 경험에 바탕을 둔 새로운 혁명 개념을 이끌어내는 질문이다. 이런 질문에 적절하게 응답하고 우리의 인식을 발전시키는 데 아렌트 사상이 가장 적합하다고 나는 믿는다.

아렌트 정치사상은 우리의 경험을 더 잘 이해할 수 있게 하는 개념적 사유로 우리를 이끌고, 이를 통해 경험의 의미를 반추해 실천 방향을 정립해준다. 이런 아렌트 정치사상의 특징을 가리켜 우리는 '현상학적'이라고 부른다. 현상학이란 20세기 초 독일 철학자 에드문트 후설Edmund Husserl, 1859~1938이 발전시킨 철학 방법론으로, 아렌트는 그의 제자 마르틴 하이데거Martin Heidegger, 1889~1976에게서 이를

아렌트 정치사상은
우리의 경험을 더 잘 이해할 수 있게 하는
개념적 사유로 우리를 이끌고,
이를 통해 경험의 의미를 반추해 실천방향을 정립해준다.

배웠다. 아렌트는 현상학적인 태도로 정치라는 주제에 접근해 아주 중요한 통찰을 얻을 수 있었다.

현상학적 정치철학으로서 아렌트 이론은, 현실에 곧바로 적용할 수 있는 개념과 이론을 우리에게 제시하지는 않는다. 오히려 그의 사상은 우리가 살고 있는 현실에 주목하게 하고, 이 현실의 특징적 내용들을 잘 포착해 이해할 수 있도록 돕는다. 아렌트는 자신과 함께 생각하도록 우리를 초대해, 우리 스스로 우리의 문제를 진지하게 고민하도록 인도한다.

한나 아렌트는 누구인가

아렌트는 유대인이며 여성 정치사상가다. 아렌트는 유대인이지만 자신의 유대인성을 바탕으로 철학을 발전시키기보다는 유대인들과 대립적으로 생각하고 활동했으며, 유대인 사회에서도 상당한 문제를 불러일으킨 인물이다. 오늘날 아렌트는 양심적 유대인, 즉 이스라엘이나 주류 유대계의 정치적 행태에 비판적인 유대인 지식인 사이에서는 아주 중요한 인물로 간주되고 있다.

아렌트는 여성이지만 여성주의 사상가는 아니다. 아렌트가 정치철학자로 명성을 크게 떨칠 때 여성주의자들은 아렌트에게 관심을 품었지만 곧 실망하고 만다. 아렌트가 여성주의와 거리를 두었기 때문이다. 그런데 아렌트 사후에 여성주의자들은 아렌트의 사상에서 영감을 받아 여성주의 이론을 발전시키게 된다. 아렌트의 '정치적인 것'the political 개념이 크게 도움되었던 것이다.

1953년의 아렌트.
아렌트는 자신과 함께 생각하도록 우리를 초대해,
우리 스스로 우리의 문제를
진지하게 고민하도록 인도하는 학자다.

아렌트는 스스로 정치평론가라고 불리기 좋아했고 정치철학자라는 말에는 거부감을 표현했다. 아렌트는 '정치철학'이라는 말 자체를 형용모순이라고 보았다. 철학은 진리를 추구하는 가운데 의견을 배척하는 반면, 정치는 진리의 영역이 아니라 의견의 영역이라고 여겼기 때문이다. 이때 아렌트는 철학이라는 말을 사실상 아주 좁게 사용하고 있다. 우리에게는 아렌트의 관점도 하나의 철학처럼 보이기에 그를 여전히 정치철학자라고 부르기도 한다. 아렌트를 정치사상가라고 부를 때는 아무런 문제가 없지만, 정치철학자라고 부를 때는 약간의 긴장감이 생긴다. 아렌트가 철학과 정치를 대립적으로 이해했기 때문이다. 이 부분은 나중에 다시 다루기로 하자.

아렌트의 삶에 대해서는 쓸 이야기가 많다. 자세한 이야기는 엘리자베스 영브루엘Elisabeth Young-Bruehl, 1946~2011이 쓴 전기를 통해 알 수 있고 또 다른 여러 저술에도 간략한 전기 정도는 나와 있으니 여기서 반복할 필요는 없겠다. 다만 간단하게나마 반드시 언급해두고 싶은 몇 가지가 있다.

아렌트는 1906년에 태어났다. 아렌트가 어린 시절 받은 교육은 그리 유대적이지 않았다. 유대인들은 어려서부터 유대인으로서의 교육을 많이 받는다고 생각하는데, 아렌트의 부모는 독일 주류사회에 동화되어 살고 있었기에 아렌트에게 유대인적인 것은 하나도 강요하지 않았다. 할아버지가 가끔 어린 아렌트를 유대인 회당으로 데리고 가기는 했으나 그 이상의 것은 없었다.

아렌트는 어린 시절부터 철학책을 많이 접했고, 지적으로 상당히 조숙했다. 그는 18세에 독일 마르부르크 대학교에 입학하는데, 당시 그 대학교에서 하이데거가 훗날 『존재와 시간』*Sein und Zeit*으로 출간될 내용을 강의하고 있었다. 하이데거와 아렌트의 연애는 아주 유명하다. 1년이라는 짧은 기간이지만 스승과 제자, 교수와 나이 어린 여대생 사이의 연애이므로 지금이라면 아주 심각한 사건일 텐데, 당시에는 시대적인 분위기 탓인지 심각한 문제로 간주되지 않았던 것 같다. 하이데거 부인만은 이 일에 민감하게 반응했고, 상당한 시간이 흐른 뒤인 제2차 세계대전 종전 후 아렌트가 하이데거를 방문했을 때도 여전히 예민한 반응을 보였다고 한다. 아렌트와 하이데거의 관계가 중요한 것은 무엇보다도 하이데거의 철학적 영향을 평생 아렌트가 받았기 때문이다.

아렌트는 하이데거 밑에서 1년을 보낸 뒤 하이델베르크로 가 카를 야스퍼스*Karl Jaspers, 1883~1969* 밑에서 철학 공부를 마무리한다. 하이데거는 짧은 기간이나마 나치에게 적극적으로 동조했다. 하지만 야스퍼스는 유대인 아내와 함께 독일에서 스위스 바젤로 탈출해 전쟁이 끝나길 기다렸다가, 패망한 독일로 돌아와 양심적인 독일 지성인 역할을 했다. 아렌트는 야스퍼스에게 세계시민의 관점에서 정치를 이해하는 법을 배운다.

아렌트는 하이데거와 야스퍼스 모두의 제자이고 그들의 영향력을 한 몸에 체현하고 있다. 하이데거와 야스퍼스는 둘 다 실존사상가로 알려져 있지만 철학적 내용으로 보면 아주 다르다. 이 다른 모습이 아렌트 정치철학에 반영되어 한편으로는 정치의 분투적*agonal*

측면에 대한 강조로 나타나고, 다른 한편으로는 소통적 측면에 대한 강조로 나타난다. 전자는 실존적 또는 미학적 접근을 통한 정치 이해를, 후자는 소통적 접근을 통한 정치 이해를 가능하게 한다. 이 두 접근법은 아렌트 사상에 모두 녹아들어 있다. 아렌트 사상의 이 두 측면을 동시에 이해하려고 애쓰지 않으면 아렌트를 오해하게 된다.

아렌트는 나치를 피해 프랑스로 피신해 잠시 유대인 단체를 돕다가 1941년 미국으로 망명해 시민권을 얻는다. 파리에 머무르는 동안 아렌트는 유대인 문제에 관해 글을 쓴다. 이것이 1951년 출간된 『전체주의의 기원』The Origins of Totalitarianism의 일부가 된다. 미국에 가서도 아렌트는 유대인 문제에 대한 글을 계속 남기는데, 이때부터 대부분 영어로 쓴다.

아렌트의 학문적 이력

학문적으로 볼 때, 아렌트의 정치사상에는 크게 두 흐름이 존재한다. 하나는 정치의 본질을 이해하고 적용하는 흐름이다. 『전체주의의 기원』에서 아렌트는 올바른 정치관을 바탕으로 전체주의 체제의 문제점을 날카롭게 분석하고 비판한다. 그런데 이 책에서 아렌트는 '정치' 개념에 대해 명백히 서술하지 않는다. 정치에 대한 아렌트의 분명한 견해는 1958년 출간된 『인간의 조건』The Human Condition에서야 나타난다.

아렌트의 정치 개념은 그가 철학에서 정치로 관심을 돌린 1930년대부터 성숙하기 시작했다. 유대인 문제에 대한 고민에서 정치에

아렌트의 정치사상에는 크게 두 흐름이 존재한다.
하나는 정치의 본질을 이해하고 적용하는 흐름이다.
또 다른 흐름은 1960년
아이히만과 만나면서 시작된다.

대한 사유가 시작되었으므로, 그의 정치 개념은 사회적으로 억눌리고 소외된 개인과 집단에 대한 관심이 바탕을 이룬다. 이처럼 정치적 사유의 줄기는 유대인 문제에 대한 저술에서 시작해 『전체주의의 기원』을 거쳐 성숙해가다가, 유고집 『정치의 약속』 *The Promise of Politics*에 담겨 있는 1950년대의 저술에서 좀더 구체화된다. 그러다 결국 『인간의 조건』에서 가장 구체적으로 나타난다. 이 정치 개념을 토대로 현실 문제에 대한 직접적 평론을 시도한 것이 1960년대와 1970년대에 출간된 『혁명론』 *On Revolution*과 『공화국의 위기』 *Crises of the Republic*다.

또 다른 흐름은 1960년 아돌프 아이히만 *Adolf Eichmann, 1906~62*과 만나면서 시작된다. 나치 전범 가운데 특히 유대인 학살에 책임이 있는 아이히만을 이스라엘 비밀경찰이 아르헨티나에서 체포해 이스라엘로 압송해와 예루살렘 법정에서 재판이 열리게 되었다. 재판 소식을 듣자마자 아렌트는 '뉴요커'라는 잡지사에 연락해 특파원 신분으로 현장에 가 기사를 쓰겠다고 제안했고 결국 잡지사의 지원을 받게 된다. 아렌트의 재판 참관 기록은 『예루살렘의 아이히만: 악의 평범성에 대한 보고서』 *Eichmann in Jerusalem: A Report on the Banality of Evil*라는 제목으로 1965년 단행본으로 출간된다. 아렌트는 아이히만에게서 '악의 평범성'을 목격하고, 이에 따라 인간의 사유가 정치에 어떻게 작용하는지 고민한다. 여기에는 도덕 문제, 개인 및 조직과 관련된 책임 문제, 더 나아가 사유가 궁극적으로 사회적 책임과 관련해 어떤 역할을 하는지의 문제 등도 관련된다. 이때 아렌트는 철학에 다시 관심을 기울이게 되고, 나중에 이러한 관심을 정치와 다시 연결하게 된다.

정치 개념을 중심으로 전개되는 흐름과 철학적 사유를 적극적으로 도입한 1960년대 이후의 흐름이 만나는 곳이 바로 아렌트 사상의 종착점일 것이다. 두 흐름이 형성되고 만날 수 있었던 것은 이미 아렌트에게 그럴 수 있는 학문적 토대가 갖추어져 있었기 때문이다. 이 만남이 이루어지는 장은 『정신의 삶』*The Life of the Mind*이었다. 이 책은 원래 3부작으로 기획되었으나, 아렌트는 제1부와 제2부만을 초고로 남겨놓고 사망했다. 아렌트가 쓰지 못한 제3부의 제목은 '판단'인데, 이곳이 바로 아렌트 정치철학의 정점이 되었을 것이다. 그 내용이 우리에게 분명히 알려져 있지는 않지만, 우리는 아렌트의 조교 로널드 베이너*Ronald Beiner*가 편집해 유고집으로 내놓은 『칸트 정치철학 강의』*Lectures on Kant's Political Philosophy*에서 그 내용을 가늠할 수 있다.

아름다운 정치를 위해

정치란 더러운 것이 아니라 아름다운 것이고, 정치가는 추한 행위를 하는 사람을 일컫는 말이 아니라 아름다운 일을 하는 사람을 가리키는 말이다. 이는 우리 현실에서 실제로 정치가 아름답고 정치가가 아름다운 사람이라는 말이 아니라, 그렇게 되어야 한다는 당위를 표현한 희망의 말이다. 또한 정치가 본질을 회복하게 되면 아름다울 수밖에 없다는 말이다.

촛불집회를 되돌아보면 정치 때문에 사람들이 촛불을 들고 거리로 나올 만큼 정치에 문제가 많다고 생각할 수 있지만, 그와 반대로 우리는 정치를 통해 잘못된 사회를 바로잡는 멋진 경험을 했다고도 말할 수 있다. 시민의 촛불을 통해 세상이 바로잡혀 가는 정치 과정을 지켜본 것은 얼마나 행복한 일이었던가. 정치는 사적 이익을 구현하는 폐쇄된 곳에 있는 것이 아니라, 바로 그런 모습을 깨뜨리고 사람이 사람답게 살 수 있는 공동체를 만들어가기 위해 모인 촛불들 속에 있다.

촛불의 아름다움이 곧 정치의 아름다움이다. 하지만 우리 시대의 정치가 본모습을 완전히 회복했다고는 말할 수 없다. 우리 정치가 제대로 서려면 정치에 대한 생각을 권력자 중심에서 시민 중심으로 전환할 필요가 있다. 권력은 정치가에게서가 아니라 시민에게서 나오는 것이기 때문이다. 우리는 정치를 시민이 정치적 지위를 갖고 정치적 행위를 하는 것, 따라서 공적인 자리에서 인간의 품위를 드러내며 인간다운 삶을 이루는 것으로 파악해야 한다. 이것이 바로 정치를 올바르게 이해하는 것이다.

정치는 이미 우리의 생활 한가운데 존재하며 작용한다. 아렌트는 우리에게 정치는 인간적 행위이며 인간이 공동의 생활을 아름답게 만들어가는 과정이라고 가르쳐준다. 정치는 인간이 서로 다르기 때문에 충돌이 발생하는 현장에서, 서로 다르다는 것을 인정하는 가운데 평화를 만들어내는 숭고한 일이다. 냉소의 대상이 되는 정치 개념은 정치 자체의 잘못이 아니다. 정치 자체에 문제가 있어서 그

촛불의 아름다움이 곧 정치의 아름다움이다.

런 것도 아니다. 정치가 뒤집어쓴 오명은 정치를 빙자해 가장 비정치적인 목적을 추구하는 정치가 때문에 그리고 그것을 그대로 방치한 시민의 무책임 때문에 생겨난 것이다.

비정치적인 목적이란 사적인 이익, 자기만의 이익, 자기 집단만의 이익을 말한다. 몇 사람이 모여 숙덕공론하고 은밀히 만들어낸 결과를 보니 그들끼리 다 잘해 먹기 위한 것이었다는 오래된 이야기에 대해 이제는 그 책임을 시민 자신이 감당해야 하는 시대가 되었다. 민주주의 시대란 시민이 그 책임을 감당하는 시대인 것이다. 시민이 무력하게 방관하는 한, 이미 힘을 가진 어떤 이들은 그저 자신만의 이익을 위해 더 열심히 노력할 것이다. 그 피해는 고스란히 스스로 힘없다고 생각하는 시민에게 돌아가게 된다.

정치를 정확히 이해하게 되면, 정치는 도처에 있으며 정치가만의 것이 아니라 시민의 일상생활 속에 항상 작동하고 있는 것임을 알게 된다. 그뿐만 아니라 시민이 일상에서 이루는 정치적 삶이 정치가의 정치와 긴밀히 연결되어 있음을 알게 된다. 따라서 시민으로서 우리가 이 연결점을 적극적으로 찾을 때, 그래서 우리가 시민으로서 바른 인식을 품고 생각하며 행동할 때, 정치가의 정치도 바로 서게 된다. 이때 정치는 냉소적이라는 오명을 벗게 된다. 정치가라는 타이틀도 명예로운 것이 될 수 있다. 아렌트는 이런 정치에 대한 인식으로 우리를 이끌어준다.

'아름다운 정치를 위해!' 바로 이것이 우리의 모토이자 아렌트 정치철학의 모토다.

더 읽고 더 생각하기

아렌트의 생애를 사상적 궤적과 더불어 상세하게 서술한 책은 다음과 같다.

· 엘리자베스 영브루엘, 홍원표 옮김, 『한나 아렌트 전기: 세계 사랑을 위하여』(인간사랑, 2007)가 있다.

· 아렌트 사상을 여성철학적 관점에서 접근한 책은 보니 호니그[Bonnie Honig, 1959~]가 편집한 *Feminist Interpretations of Hannah Arendt*(The Pennsylvania University Press, 1995)가 대표적이다.

· 아렌트와 하이데거의 연애를 소설 형식으로 다룬 책에는 엘즈비에타 에팅거, 황은덕 옮김, 『한나 아렌트와 마틴 하이데거』(산지니, 2013)가 있다.

2 정치란 무엇인가

정치란 무엇인가

우리의 이야기는 '정치란 무엇인가'라는 질문에서 시작해야 한다. 그런데 이 질문은 책의 첫 부분에서 명확히 제시하고 끝낼 수 있는 것이 아니다. 이 책 내용 전체가 이 질문을 중심으로 진행된다고 보아야 할 것이다. 그렇지만 우리는 일단 정치의 성격을 대략적으로 규정함으로써 먼저 숲을 보는 과정을 거쳐야 한다. 정치란 무엇일까?

첫째, 정치는 인간적 현상이다. 정치는 인간이 하는 일이다. 인간이 아닌 존재에게 정치는 없다. 정치는 일차적으로 갈등을 조정하는 특성이 있다. 갈등이 정치의 존재이유는 아니다. 동물에게도 갈등은 있다. 그러나 동물은 대화와 타협으로 갈등을 조정하지 않는다. 동물은 물리적인 힘의 대립을 통해 폭력적인 방식으로만 문제를 해결한다. 그래서 동물에게는 정치가 없다고 말한다. 다른 말로 하면, 물리적 폭력을 행사해 갈등을 조정하는 행위는 정치가 아니라는 말이다. 카를 클라우제비츠^{Carl Clausewitz, 1780~1831}는 『전쟁론』

*Vom Kriege*에서 "전쟁은 다른 수단을 이용한 정치의 연장이다"라고 말했다. 그러나 엄밀히 말하면, 폭력을 사용하는 전쟁은 정치행위가 아니다.

신의 경우는 어떠한가? 기독교나 유대교, 이슬람교처럼 절대 유일신 신관이 중심인 담론에서는 갈등 자체가 존재할 수 없으므로, 정치가 필요 없다고 말할 수 있을 것이다. 고대 그리스 신화나 로마 신화 같은 다신교적 담론의 경우에는 서로 성격이 다른 신 사이에서 정치가 작용할 수 있다. 그러나 이는 신의 이야기를 인간처럼 서술한 신화일 뿐이다. 신들을 인간처럼 묘사하기 때문에 정치를 개입시킬 수 있는 것이다. 결국 정치는 인간에게서만 가능하다. 요컨대 정치는 인간만의 문제다. 이는 생물학적인 존재로서의 인간이 아니라, 다른 존재와 차별화되는 '인간적' 가치를 지닌 인간의 문제인 것이다.

둘째, 정치는 말을 통해 갈등을 조정하는 행위다. 인간은 공동생활을 하며, 그 속에서 갈등을 경험한다. 정치는 항상 갈등을 전제로 하지만, 이 갈등을 물리력이 아니라 말로 조정해야 한다는 것이 핵심이다.

갈등은 도대체 왜 생기는 걸까? 갈등의 원인은 다양하지만 그 근본 원인은 우리 인간이 서로 다르다는 사실에서 찾을 수 있다. 만일 재화의 부족만이 갈등의 초점이라면 풍요로운 사회에서는 갈등이 없어야 한다. 그러나 어떤 사회에서든 갈등이 끊임없이 존재한다는 것은 더 근본적인 원인이 있다는 것을 의미한다. 갈등의 궁극적인 원인은 인간이 모두 다르다는 사실에 있다.

아렌트는 인간이 서로 다르다는 이 단순한 사실을 '인간의 복수성'human plurality이라고 한다. '복수성'이란 '다양성'이라는 말보다 다름을 더 철저하게 표현하는 말이다. 인간의 복수성은, 인간은 개성을 가진 존재라는 점, 인간은 개성을 표현하고 싶어 하는 존재라는 점 그리고 인간은 개성이 억압당하는 것을 견디지 못하는 존재라는 점을 의미한다. 개성은 단지 있어도 그만, 없어도 그만인 것이 아니다. 표현해도 그만, 표현하지 않아도 그만인 것이 아니다. 개성을 무시당하면 견딜 수 없는 것이 인간이다. 갈등은 개성이 의견의 방식으로 표현되어 대립할 때 발생한다. 이때 발생하는 갈등을 해소하는 데는 분배적 정의의 문제를 해결하는 방식과는 다른 방식의 정치가 필요하다.

인간 복수성의 구성 요소

인간의 복수성은 두 측면으로 구성된다. 하나는 비교할 수 있는 부분이다. 예를 들어, '키가 크다' '키가 작다' 또는 '몸무게가 많이 나간다' '몸무게가 적게 나간다' 등 길이나 무게같이 일정한 척도로 비교할 수 있는 부분이 있다. 노래도 일반인이 아무리 노력해도 가수나 성악가처럼 전문적 훈련을 받은 이들과는 실력 차이가 날 수밖에 없다. 기술적 차이에서 말이다. 유명한 첼리스트 파블로 카살스Pablo Casals, 1876~1973는 90세가 넘어서도 하루에 몇 시간씩 규칙적으로 연습하며 새로운 주법을 연습했다고 한다. 이처럼 기술적으로

> 아렌트는 인간이 서로 다르다는 단순한 사실을
> '인간의 복수성'이라고 한다.
> '복수성'이란 '다양성'이라는 말보다
> 다름을 더 철저하게 표현하는 말이다.

비교할 수 있는 차이의 영역 때문에 우리는 훈련받고 연습한다. 이러한 부분을 아렌트는 '무엇 됨'what-ness이라고 한다.

그런데 인간의 복수성을 구성하는 다른 측면이 있다. 두 성악가가 같은 노래를 각자 완벽하게 소화해서 부르더라도, 그들의 노래는 결코 같지 않다. 음색과 개성적 표현에서 차이가 나기 때문이다. 사람마다 고유한 음의 바이브레이션을 갖고 있다. 이처럼 각 개인의 독특한 개성적 부분은 '무엇'의 문제가 아니라 '누구 됨'who-ness의 요소다.

아렌트는 '무엇 됨'과 '누구 됨'이 복합적으로 인간의 복수성을 구성한다고 설명한다. 이 두 부분이 어울려서 한 사람의 개성을 구성하고, 이렇게 구성된 수많은 개성이 서로 어우러져 공동체를 만들고 공동생활을 영위한다. 갈등은 바로 그 가운데서 발생한다. 정치란 이 두 측면을 전부 통찰하고 다루는 것이다.

오이코스와 폴리스

'정치'를 영어로는 politics라 한다. 우리는 politics를 '정치학'이라고 번역할 수도 있다. 이런 번역 가능성은 정치가 전문화될 수 없는 영역임을 의미한다. politics는 도시국가를 의미하는 고대 그리스어인 polis에서 파생된 것이다. 이 어원을 논의하기 위해 우리는 아리스토텔레스Aristoteles, BC.384~BC.322의 『정치학』Politics을 들여다보아야 한다.

아리스토텔레스는 인간의 두 모습으로 정치를 설명한다. 인간은 몸이 있으며 동물로서 생존 문제를 해결해야 한다. 그러나 인간에게는 동물과 구별되는 인간만의 고유한 특징적 모습도 있다.

인간은 동물과 같은 존재로서 욕구를 해결하고 생명을 유지해나가기 위해 음식물을 먹고 신진대사를 이루어야 한다. 여기에서 경제적 활동이 발생한다. 욕구를 해결하기 위해 인간은 경제의 기본 단위로 가정家庭, 즉 오이코스oikos를 형성한다. 오이코스는 인간에게 반복적으로 생겨나는 생물학적 욕구를 충족시키기 위해 자연스럽게 형성된 공동체다. 가정들이 연합해 마을을 이루고, 마을들이 연합해 큰 도시를 형성한다. 오이코스에서 이루어지는 가정 관리의 일을 가리켜 오이코노미아oikonomia라고 하는데, 이것이 '경제'economy다. 이처럼 '경제'에는 가정에서 다루는 문제, 즉 인간이 생명을 유지하기 위한 기초적인 활동이라는 의미가 들어 있다. 오늘날에는 경제가 국가적인 차원에서 다뤄야 하는 거대한 문제이지만, 본질적으로 경제는 가정이라는 사적 영역에서 다루어졌던, 사적인 본성이 있는 사안인 것이다.

다른 한편, 인간에게는 동물적인 욕구만큼 자연적인 로고스logos라는 능력이 있다. '로고스'는 '이성' '이치' '이법'이라고 번역할 수 있는데, 인간은 로고스 능력을 갖추고 경제 공동체와는 다른 성격의 큰 조직체를 형성해 함께하는 삶을 꾸린다. 그리스인들은 이 조직체를 가리켜 폴리스polis라고 불렀다.

아리스토텔레스는 폴리스가 단순히 확대된 가정이나 마을이 아니라 아주 새로운 특성을 갖춘 완전한 공동체라고 말한다. 또한 인

인간에게는 동물적인 욕구만큼
자연적인 로고스라는 능력이 있다.
인간은 로고스 능력을 갖추고 경제 공동체와는 다른 성격의
큰 조직체를 형성해 함께하는 삶을 꾸린다.

간은 본성적으로 폴리스를 구성하는 동물이라고 말한다. 인간은 폴리스에서 살 때만 인간답게 살 수 있다고 했다. 그래서 아리스토텔레스는 인간을 폴리스적 동물이라고 했다. 이는 인간이 정치적 동물zōion politikon이라는 뜻이다. 인간은 정치적 삶을 통해 동물적 본성이 아니라 인간적 본성을 실현할 기회를 얻는다는 것이다.

물론 경제적인 삶을 유지하는 것이 인간에게 꼭 필요하다. 경제적 문제를 해결할 때도 욕구만을 따라 해결하지 않는다. 배가 고파도 함부로 폭식하지 않고 내일을 위해 비축하기도 한다. 경제활동을 할 때도 인간은 로고스를 사용하는 것이다. 이러한 경제활동을 동물 세계에서는 볼 수 없다. 이렇게 경제적인 활동을 조직해나가는 것을 '사회적 활동'이라고 한다. '사회적 활동'은 여전히 '정치적 활동'과는 구별된다. '인간은 사회적 동물이다'라는 말은 아리스토텔레스의 '인간은 정치적 동물이다'라는 말과 의미가 다르다. 이 주제는 뒤에서 다시 다루겠다.

폴리스에서 다루는 일

오이코스와 폴리스에는 본질적으로 어떤 차이가 있을까. 오이코스가 다루는 문제는 생존과 관련된 문제, 즉 경제 문제다. 폴리스에서는 이런 문제를 다루지 않는다. 폴리스에서는 모두의 문제, 공통의 관심사를 다룬다. 참여자들이 공통의 관심사를 어떤 태도와 방식으로 다루느냐에 따라 정치와 비정치가 구별된다.

폴리스를 통해서만 인간다운 삶을 살 수 있다는 것이 '인간은 정치적 동물이다'에 담긴 아리스토텔레스의 정신이다. 이는 만일 폴리스의 삶에 참여하지 않고 경제적인 문제에만 종사한다면 인간다움의 본성을 실현할 수 없다는 의미다. 물론 경제에서도 인간의 로고스가 작용하지만 단지 생존의 내용을 다룰 때 도구적으로만 작용할 뿐이다. 폴리스에서는 로고스가 단순한 생존을 넘어 훌륭한 삶, 바람직한 삶을 살 수 있게 하는 요소로 작용한다.

아리스토텔레스는 '인간은 정치적 동물이다'라는 말을 쓰고 나서 바로 '인간은 로고스를 사용하는 동물이다'$^{zōion\ logon\ ekhon}$라는 말을 덧붙인다. 로고스의 동사형인 레게인^{legein}은 '말하다'라는 뜻이기 때문에 이 말은 '인간은 말을 사용하는 동물이다'라고 번역한다. 아리스토텔레스가 정치 활동의 핵심으로 언어사용 능력을 강조한 것이다. 공동체를 이루어 함께 살아가는 사람들이 언어를 사용해 서로의 삶을 조정하고 나눌 때 선과 악, 옳고 그름이 나뉘고, 좋은 삶과 나쁜 삶이 나뉜다는 것이다.

아리스토텔레스는 만일 인간이 폴리스의 삶을 떠나서 로고스를 발현하면 아주 사악한 동물이 될 수 있다고 경고한다. 로고스라는 좋은 도구가 오히려 엄청난 무기가 되어 아주 위험한 악을 저지를 수 있다는 것이다. 사실 인간이 수없이 저질렀던 잔혹한 사건은 로고스를 나쁘게 활용한 결과다. 우리에게는 인간의 로고스를 잘 활용하고 인간다운 공동의 삶을 꾸려가기 위한 도구로서 폴리스라는 영역이 필요하다.

더불어 살아가는 좋은 삶을 위해서 로고스를 사용하도록 하는 것

아리스토텔레스 흉상.
그는 '인간은 정치적 동물이다'라는 말 뒤에
'인간은 로고스를 사용하는 동물이다'라는 말을
덧붙였다.

이 정치 공동체의 역할이다. 정치는 폴리스 속에서 일어나는 일, 폴리스를 다루는 일을 말한다. 이를 시민의 관점에서 말하면, 정치는 우리의 공동체적 삶 속에서 이성이 그리고 이것을 구현하는 언어가 작동하게 함으로써 좀더 나은 삶을 꾸려가게 하는 것이라고 할 수 있다. 이것이 아리스토텔레스가 말하고 아렌트가 수용한 정치 개념의 핵심이다.

말의 두 특성

로고스가 발현되는 인간의 '말'은 동물이 내는 소리와는 다르다. 물론 동물도 단순하게 소통하고 고통과 쾌감을 표현하지만, 인간의 말은 의미를 생각하게 하고 그것을 소통하게 한다는 점에서 다르다. 나아가 우리는 말을 통해 우리 자신을 드러낸다. 자기표현과 생각의 표현은 같은 것이 아니다.

생각의 표현은 말의 내용과 연관되고, 자기표현은 개성과 연관된다. 전자와 연관될 때 말은 소통의 기능을 담당하며, 후자와 연관될 때 말은 표현의 기능을 담당한다. 우리는 종종 이 두 번째 기능을 망각한다. 대화나 토론 자리에서 자신의 말이 비판받으면 그 비판을 받아들이면서도 기분은 나쁘다. 말의 내용이 부정당하면서 무시당하는 느낌을 받기 때문이다. 이 측면을 잘 다룰 때 좋은 대화자가 될 수 있다. 복수성의 두 요소 가운데 '누구 됨'이라는 요소가 개성과 연관된다. 언어의 표현적 기능은 개성적 측면이 말 가운데 표현된다는 것이다.

로고스가 발현되는 인간의 '말'은
동물이 내는 소리와는 다르다.

말의 두 측면 때문에 말이 형성하는 인간관계도 두 측면을 갖는다. 인간관계의 객관적 측면과 주관적 측면이 그것이다. 관계의 객관적 측면이란, 상인과 구매자, 교수와 학생, 부모와 자식 등 객관적인 형태로 드러나는 관계를 말한다. 관계의 주관적 측면이란 객관적 관계를 맺으면서도 그와 동시에 형성되는 인간적 유대를 말한다. 객관적 관계와 더불어 인간적 유대가 함께 형성될 수도 있고, 친구 관계처럼 인간적 유대로만 이루어진 관계가 형성될 수도 있다. 이런 객관적 관계와 주관적 관계가 함께 어우러져 인간관계의 망이 형성되고, 이 망들이 사회를 형성하는 토대가 된다.

한 사회에서 객관적 관계는 완전히 소멸될 수 없다. 그렇게 되면 사회 자체가 존재할 수 없게 되기 때문이다. 그런데 주관적 관계가 거의 소멸돼도 사회는 유지된다. 전체주의나 독재국가는 주관적 관계를 소멸시키고 객관적 관계로만 사회가 유지되도록 획책한다는 것이 아렌트의 지적이다. 이런 공동체는 사람 사는 세상으로서 결코 바람직한 모습이 아니다.

우리가 인간과 사회를 바라볼 때, 인간을 개체적 존재가 아니라 말로 연결된 관계의 그물망 속에 있는 존재로 보는 것이 중요하다. 정치는 이 이중적 관계의 그물망을 함께 고려해야 한다.

말의 본래적 기능

인간이 말로써 이루는 행위는 소통적 행위와 전략적 행위로 구분된다. 소통적 행위란 상호 이해를 지향하는 행위이고, 전략적 행위

전체주의나 독재국가는 주관적 관계를 소멸시키고
객관적 관계로만 사회가 유지되도록 획책한다.

는 말을 통해 의도한 목적을 이루려는 행위다. 소통적 행위는 서로 자신의 생각을 잘 이해시키고 서로를 이해하려는 태도로 대화에 임할 때 이루어진다. 이러한 대화방식에는 어떤 숨은 의도가 없어야 한다. 전략적 행위는 말로 표현되는 의도 외의 다른 의도를 품고 대화에 임할 때 이루어진다. 뇌물을 바라며 뻔뻔스럽게 돈을 내놓으라고 말하는 대신 '요즘 우리 살림이 어려워요'라는 엉뚱한 말을 던지는 것과 같다. 뇌물을 달라는 말을 하지는 않았지만 그 의도를 숨겨놓고 상대가 읽어내도록 만드는 것이다.

전략적 행위가 나쁜 일에만 사용되는 것은 아니다. 전략적 행위는 상업적 거래 같은 사회적 활동에서 많이 활용된다. 물건 값을 깎아 달라거나 손해를 본다며 흥정할 때 서로가 자신의 의도를 숨긴 채 관계를 맺는다. 이때 우리는 상황에 따라 전략적 태도를 상당히 용인한 상태에서 대화를 진행한다. 전략적 행위에 기만적 요소가 약간 포함되어 있기는 해도 그게 무조건 나쁜 행위인 것은 아니다.

우리가 주목해야 할 것은 소통적 행위와 전략적 행위의 관계다. 이 두 행위의 관계는 진실 말하기와 거짓 말하기의 관계와 구조적으로 유사하다. 어떤 자가 거짓말로 남을 속이려고 할 때 그 거짓말을 성공시키는 조건은 무엇일까? 거짓말로 남을 속이려는 자가 평소에도 거짓말을 자주 했다면 사람들은 그를 신뢰하지 않을 것이다. 거짓말을 믿게 하는 데는 신뢰가 필요하다. 평소에 아주 진실한 말만 하다가 한 번 거짓말을 크게 할 때 사람들은 속아 넘어간다. 신뢰는 거짓말의 성공 조건인 것이다. 이를 통해 우리는 거짓말 자체에 힘이 있는 것이 아니라 진실이 낳는 신뢰의 힘에 의존할 때만 작동한다는 것을 알 수 있다. 스스로 양분을 생산하지 못하는 기생충이 숙주에 붙어서 양분을 빨아먹고 살아가는 것처럼, 스스로 신뢰를 만들어내지 못하는 거짓말은 진실이 만든 신뢰의 힘을 이용해서만 기능할 수 있다.

소통적 행위와 전략적 행위도 이와 마찬가지다. 소통적 행위는 인간관계에서 신뢰를 형성하는 기능을 한다. 이 신뢰가 전략적인 관계를 형성하는 토대를 이룬다. 소통적 토대가 잘 형성되어 있으면 전략적 관계도 건전하게 잘 이루어질 수 있다. 무역이나 국방 같은 국가 간의 전략적 관계도 소통적 행위를 통한 상호 신뢰가 구축되어 있는지에 따라 무척 다른 양상을 낳는다. 한국과 미국, 한국과 일본, 한국과 중국 그리고 남한과 북한의 관계를 생각할 때, 우리는 상호 신뢰의 토대가 형성되어 있느냐에 따라 전략적인 관계 양상이 얼마나 다르게 전개되는지 알 수 있다. 우리가 남북 관계에 대해 말할 때 가장 중요한 것이 상호 신뢰라고 하는 이유도 여기에 있다. 소통적 행위를 바탕으로 신뢰를 형성하지 않으면 남한과 북한 사이에 진정한 평화를 구축할 수 없기 때문이다.

우리 정치문화의 현주소

한국 사회의 내부를 들여다보아도 마찬가지다. 시민 간의 소통적 행위를 통해 형성되는 상호 신뢰의 토대가 이 사회 안에 얼마나 잘 형성되어 있는지가 얼마나 살기 좋은 나라인지를 결정한다고 해도 과언이 아니다. 정치가는 제도적인 측면에 초점을 두고 사회를 변화시켜가겠지만, 시민은 사회문화적으로 소통이 잘되는지 깊은 관심을 기울여야 한다.

우리 사회를 '날이 서 있는 사회'라고 표현하기도 한다. 건드리기만 하면 폭발할 준비가 되어 있는 사회라는 뜻이다. 그래서 우리는 다른 사람과의 관계에서 극도로 조심할 수밖에 없다. 아주 사소한 실수가 살인으로 이어지는 일도 빈번하다.

우리는 인간의 로고스가 경제 영역 안에서 작동할 수도 있고 정치 영역 안에서 서로 어울리는 공동체를 만들어낼 수도 있음을 살펴보았다. 로고스가 정치 공동체를 통해 긍정적 기능을 할 수 있다면 이는 날이 서 있는 사회의 부분까지 관계하는 것이라고 할 수 있다. 여기에 정치의 몫이 있다.

더 읽고 더 생각하기

· 제1장에서 다룬 대부분 내용은 한나 아렌트, 이진우 옮김, 『인간의 조건』(한길사, 2017), 제1, 2, 5장에 나온다.
· 아리스토텔레스에 대한 내용은 아리스토텔레스, 김재홍 옮김, 『정치학』(길, 2017)의 제1장에 나온다.
· 말의 본래적 기능에 대한 논의는 여러 철학자가 다루었지만 여기서는 위르겐 하버마스, 장춘익 옮김, 『의사소통행위이론』(나남, 2006)의 제3장 「제1중간고찰」의 논의를 활용했다. 하버마스는 여러 기회를 통해 아렌트에게서 많은 영향을 받았다고 밝혔다.

3 정치와 인간다운 삶

인간의 세 활동

아렌트는 1958년 저술한 『인간의 조건』에서 인간의 활동을 노동labor, 작업work 그리고 행위action로 구분한다. 이 세 가지는 전부 인간의 활동이지만 그 원리나 활동방식 그리고 산물의 성격은 각기 다르다. 이렇게 구분한 취지는 현대에 와서 간과된 정치적 행위의 중요성을 일깨우고, 정치적 행위가 다른 활동들과 본질적으로 다르지만 여전히 인간적 삶의 조건과 연관된다는 것을 입증하기 위해서였다.

인간의 세 활동은 '활동적 삶'이라 불렸던 영역을 세분화한 것이다. 서양에서는 전통적으로 인간의 삶을 관조적 삶vita contemplativa과 활동적 삶vita activa으로 구분했는데, 철학은 전자에, 정치는 후자에 속했다. 철학적인 관조적 삶을 서양에서는 정치적 행위를 포함한 활동적 삶보다 우위에 놓았다. 이런 관점을 취한 대표적인 사람이 피타고라스Pythagoras, BC.580~BC.500와 플라톤Platon, BC.428?~BC.347이다. 아리스토텔레스의 관점은 모호하다. 그는 『니코마코스 윤리학』*Ethika Nikomacheia* 앞부분에서는 정치적 삶이 더 우위에 있는 것처럼 말하지만, 끝부분에서는 관조적 삶이 더 우위에 있는 것으로 설명한다.

아렌트는 정치적 행위의 중요성(우위성이 아니라)을 강조하기 위해 인간의 활동을 구분했다. 이에 대한 흔한 오해는, 아렌트가 정치적 행위만을 강조하고 노동과 작업은 열등한 것으로 보았다는 것이다. 이는 아렌트를 오해한 것이다. 그는 이 세 가지가 모두 인간 삶의 조건을 이루는 요소이며 이들 사이에 우열은 없다고 보았다. 다만 현대에 와서 노동과 작업에 비해 정치적 행위가 무시되고 있는 점을 극복하기 위해 행위에 크게 강조점을 찍었을 뿐이다.

노동이란 무엇인가

인간은 먹어야만 살 수 있는 동물로, 이 조건을 충족하기 위한 인간 활동이 바로 노동이다. 바꿔 말해, 노동은 육체를 생물학적으로 유지하기 위한 활동으로, 신진대사를 하는 신체기관의 작용에 상응한다. 우리는 먹지 않으면 죽는다. 따라서 노동은 생존하기 위해 필수적이고도 필연적인 인간 활동이다. 배가 고프다는 상황은 다른 상황에 비해 가장 긴급한 상황이다. 노동은 몸의 필요와 그 필연성에 따른 긴급하고도 강렬한 인간 활동인 것이다.

노동의 산물은 우리가 먹고 섭취함으로써 없애버리는 소비 consumption 대상이 된다. 신체의 신진대사는 주기적으로 반복되며, 소비는 그 주기에 따라 이루어진다. 소비의 대상 또한 주기적으로 새로이 만들어져야 한다. 음식물은 한 번 만들면 반복적으로 소비할 수 있는 것이 아니다. 소비 대상의 수명은 매우 짧다. 따라서 노

인간은 먹어야말 살 수 있는 동물로,
이 조건을 충족하기 위한 인간 활동이 바로 노동이다.

동은 주기적으로 동일한 일을 반복적으로 행하는 형태를 취하며, 노동에서 벗어난 완전한 휴식은 생명이 다해야만 찾아온다.

노동의 대상도 주기적인 반복의 형태로 우리에게 나타난다. 1모작을 하는 우리는 1년 주기로 쌀농사를 짓는다. 과일도 매년 수확한다. 가축도 키워서 잡아먹는 주기가 있다. 이처럼 노동의 대상은 순환성·반복성을 특징으로 한다. 전체적으로 보면, 노동은 인간의 탄생과 죽음, 산출과 노동을 통한 소비재 제작, 산출과 소비 등의 원운동 같은 시간성 속에서 진행된다.

노동은 소비를 통해 얻을 수 있는 만족감으로 기쁨과 성취감을 주기도 하지만, 다른 한편으로는 그 반복성 때문에 권태를 낳는다. 여기에 노동의 질곡이 존재한다. 노동은 피할 수 없는 것인데 이러한 노동이 반복적이기 때문에 권태와 피로를 유발한다. 그래서 사람들은 노동에서 해방될 수 있는 길을 찾아 노예를 부리거나 노동력을 구매했던 것이다.

독일의 이상주의 철학자 헤겔G.H.F Hegel, 1770~1831은 『정신현상학』*Phaenomenologie des Geistes*에서 노동의 독특한 기능을 언급했다. 노동은 노동의 대상과 관계를 맺으면서 이루어진다. 예컨대 농사를 지을 때 자연은 쉽게 결실을 주지 않는다. 볍씨만 뿌린다고 저절로 쌀이 나오는 것이 아니라, 많은 단계에서 다양한 노동력을 투여해야 밥을 지을 수 있는 쌀이 나온다. 자연은 이처럼 자신에게 저항하는 수고로운 노동을 대가로 우리가 원하는 것을 내준다. 이러한 노동 과정을 거쳐 자연은 자신의 생명력을 노동자에게 부여한다. 이 생명력은 주인과 노예의 변증법적 관계를 유발한다. 주인은 노예의 노동이 산출하는 산물만을 즐기며 살아간다. 노예는 주인이 시키는 대로 자연에 대항해 끊임없이 노동하는 가운데 생명력을 축적하게 된다. 주인은 노예가 만들어낸 생명력에 지속적으로 의존하다가 노예에게 종속되어 버린다. 주인이 노예에게 종속되는 것은 역으로 주인이 노예가 된다는 것을 의미한다. 헤겔은 고대 노예제 사회의 붕괴를 설명하는 이러한 주인과 노예의 역전극이 노동의 결과로 발생한다고 보았던 것이다.

작업이란 무엇인가

작업^{work}은 생활과 관련된 활동을 말한다. 노동이 생존과 연관되어 있다는 점에서 둘 사이에 적지 않은 차이가 있다. 생활에 필요한 집, 가구, 자동차, 옷 등은 작업의 산물이다. 작업은 노동에 비해 긴급성은 떨어진다. 작업의 산물은 일회적인 소비 대상이 아니다. 우리는 옷을 한 번만 입고 버리기도 하지만, 일반적으로는 반복해서 입는다. 따라서 작업의 산물은 소비가 아니라 사용^{use}의 대상이다. 작업의 산물은 내구성과 지속성이 있다. 어떤 경우는 제작자보다 더 오랫동안 생명을 유지하기도 한다. 박물관에서 만날 수 있는 도자기나 오래된 건축물이 그렇다.

작업이라는 활동은 노동과 달리 순환적이지 않고 직선적이다. 예를 들어 건축가가 집을 짓는다면, 설계도를 그리고 그 도면에 따라 집을 만들면 작업은 끝난다. 시작과 끝이 존재하는 것이다.

> 작업은 생활과 관련된 활동을 말한다.
> 노동이 생존과 연관되어 있다는 점에서
> 적지 않은 차이가 있다.

작업의 대상이 되는 것, 예컨대 나무나 석재 같은 재료들은 노동의 대상과는 달리 생산주기가 무척 길다. 나무가 아름드리로 성장해 큰 건물의 기둥이 되려면 수십 년이 걸리고, 대리석이나 철광석 같은 광물을 만들려면 우리가 헤아리기 어려울 정도로 긴 시간이 필요하다. 찰스 테일러Charles Taylor, 1931~ 가 『불안한 현대사회』The Malaise of Modernity라는 책에서 노동과 작업을 구분한 아렌트의 업적을 높이 평가했던 것은 현대의 환경위기가 바로 이 구분이 흐려짐으로써 발생한다고 보았기 때문이다. 소비와 사용의 경계가 흐려지고 사용해야 할 물건들을 소비함으로써 작업의 원료가 소비의 원료처럼 취급받고 결국 심각하게 파괴되었다는 것이다. 나무에서 얻은 목재와 철광석에서 얻은 쇠붙이가 모두 소비의 대상이 되어버린 현실을 지적한 것이다. 아렌트는 현대사회가 소비자 사회consumer's society로 변하면서 이런 경계가 허물어졌다고 지적했다.

행위란 무엇인가

일상용어로 활동behavior과 행위action는 잘 구분되지 않지만, 정치철학에서는 이 둘이 명확히 구분된다. 인간의 모든 움직임이 활동이라면, 행위란 인간의 판단과 의지가 개입된 활동만을 말한다. 윤리적 행위, 정치적 활동 등이 행위의 예다.

아렌트가 다루는 행위는 정치적 행위다. 특히 말로 하는 행위가 중심이 된다. 행위는 '말이 아닌 행위'와 '말이라는 행위'로 구분되는데, 말이 아닌 행위는 말을 통해 그 의미가 설명되어야만 한다는

테일러.
그는 노동과 작업을 구분한
아렌트의 업적을 높이 평가했다.

점에서 말이라는 행위에 종속된다.

행위란 생존의 요구와 생활의 필요에 따른 것이 아니라, 인간 개성에 따른 실존적인 욕구와 함께 살아가야 한다는 필요에 따른 것이다. 우리 인간은 그저 하나의 인류라고 하는 종種의 일원으로만 존재하는 것이 아니라 자신의 이름을 갖고, 자신의 얼굴을 소중히 여기며, 자신의 삶을 가꾸어가려는 존재다. 이런 존재가 혼자 따로 떨어져 사는 것이 아니라 공동의 삶 속에서 다른 사람들과 함께 자신의 삶을 영위하려고 한다는 데서 정치가 요구된다. 행위란 바로 이러한 모습, 즉 다른 사람들과 함께 살려는 노력에서 비롯되는 활동이라고 할 수 있다.

행위는 인간의 복수성을 기반으로 둔다. 사람들은 똑같은 사건을 놓고도 서로 다르게 이해하고 판단한다. 그런데 사람들이 더불어 살아가기 위해서는 같은 사건을 접하고 함께 다루어가야 한다. 행위는 이처럼 개성을 드러내는 표현의 기능도 있지만, 공동의 삶을 꾸려가기 위해 서로의 행위를 조정하는 소통의 기능도 있다. 다름의 요소와 공통의 요소, 이 두 가지가 함께 어우러져 있는 것이 공동체적인 삶의 자리인데, 이런 문제를 다루는 것이 정치적 행위의 과제다.

경제의 문제는 이와 다르다. 경제 영역은 오직 경제적인 결과라는 하나의 공통적인 요소만 현저히 나타나고, 차이와 다름의 요소는 최소화되는 영역이다. 반면에 정치 영역은 공통의 요소도 최대화되어 있고, 다름의 요소도 최대화되어 있는 장이다. 공통의 일을

다름의 요소와 공통의 요소,
이 두 가지가 함께 어우러져 있는 것이
공동체적 삶의 자리인데,
이런 문제를 다루는 것이 정치적 행위의 과제다.

다루는 데서 개성과 차이를 존중하고, 다양한 의견이 개입되고 논의되는 일. 이것이 바로 행위라는 방식의 인간 활동이다.

행위와 탄생성

행위의 새로움은 인간의 탄생성natality에서 기인한다. 탄생성 개념은 아렌트 정치철학에서 중요한 기능을 하는데, 성 아우구스티누스에게서 배운 개념이다. 인간은 태어나기 전에는 존재하지 않았고, 탄생과 동시에 무無에서 새롭게 시작한 존재, 즉 무에서 유有로 나타난 존재다. 이러한 탄생을 근거로 모든 인간에게는 탄생성이 있다고 할 수 있는데, 이는 모든 인간에게 무엇인가 새로운 것을 시작할 수 있는 능력이 있음을 뜻한다.

우리가 사는 세상에 새로운 일이 항상 충만한 것은 탄생성 때문이다. 새로운 일이 인간관계의 망을 타고 다양한 생각을 하는 사람들 사이에서 회자되고 전파됨으로써 큰 파급력을 띠게 된다. 이처럼 인간사는 새로운 일로 늘 충만하고, 따라서 예측 불가능한 모습으로 존재한다. 오직 예측할 수 있는 것은 '인간사는 예측이 불가능하다'라는 것뿐이다.

정치적 행위의 탁월성

고대 로마인들은 인간이 죽을 수밖에 없는 존재, 즉 가멸적mortal 존재이지만, 이와 동시에 인간에게는 불멸에 대한 욕구가 있다는 점을 정치와 연결 지어 생각했다. 정치적 행위를 통해 인간은 자신의 탁월성을 드러내고 공동체가 그것을 영원히 기억함으로써 불멸할 수 있다고 고대 로마인들은 믿었다. 공동체가 개인의 헌신을 기억해줌으로써 가멸적 존재가 신적 불멸성을 획득하는 것에 정치의 기능이 있다는 것이다. 다시 말해, 신적 불멸성을 획득하는 것은 정치적 행위에 나타난 '영웅적 모습'을 통해서다.

물론 우리는 고대 로마인들처럼 생각하지 않는다. 그렇지만 우리가 주목해야 할 점은 정치를 통해 개인의 위대함을 드러낼 수 있고, 그것이 공동체를 통해 유익하고 기억할 만한 가치를 지니게 된다는 점이다. 이는 정치에 존재하는 수많은 의견과 행동이 다 똑같은 것은 아니며, 그 가운데는 위대한 가치를 지닌 것과 아닌 것의 구별이 발생함을 의미한다. 정치적 행위들은 좋은 행위와 나쁜 행위로 나눌 수 있고, 더 가치 있는 것과 좀더 의미 있는 것 그리고 공통적으로 인정할 만큼 보편적으로 탁월한 것이 존재한다. 더 나은 정치를 위해서 우리는 이 탁월성의 본질이 무엇이고 그 징표가 무엇인지 알아야 한다. 이는 간단하게 한마디로 답을 내릴 수 없는 문제다.

아렌트 정치철학은 결국 정치적 탁월성의 정체를 규명하기 위한 것이라고 할 수 있다. 정치라는 이름으로 수많은 일이 일어나는데, 그 가운데서 진짜 정치다운 정치를 명확히 구분할 수 있다는 것이 아렌트의 생각이다.

정치의 자율성

아렌트는 정치가 정치 나름의 장에서 나름의 방식대로 작동한다고 믿었다. 정치경제나 행정 또는 도덕 등의 영역으로 환원될 수 없다는 것이다. '정치의 자율성'이라는 표현은 정치는 나름의 고유한 영역이 있음을 드러낸다. 『인간의 조건』에서 아렌트는 정치의 자율성을 규명하는 데 성공적이었다고 나는 평가한다. 여기서 아렌트는 두 가지 방식으로 정치의 자율성을 해명했다. 하나는 인간학적 방법이고, 다른 하나는 역사-이론적 방법이다.

정치의 자율성에 대한 인간학적 접근은 지금까지 설명한 다섯 가지로 나눌 수 있다. 첫째, 정치는 인간적 현상이다. 둘째, 정치는 인간의 복수성에 기반을 둔다. 셋째, 인간은 언어를 사용하는 동물이고, 언어를 통해 공통의 삶을 이룰 수 있다. 넷째, 노동, 작업과 구별되는 행위라는 활동방식이 인간 삶의 조건을 이룬다. 다섯째, 인간관계의 망이 정치가 전개되는 장이다.

아렌트가 사용한 역사-이론적 방법은 제7장에서 다루기로 하자.

더 읽고 더 생각하기

· 인간의 활동에 대한 구분은 『인간의 조건』, 제3~5장에 나온다.
· 고대 로마인의 정치에 대한 아렌트의 언급은 한나 아렌트, 제롬 콘 엮음, 김선욱 옮김, 『정치의 약속』(한길사, 근간)의 마지막 글인 「정치로의 초대」에서 나온다.
· 정치 존재론에 대한 아렌트의 접근법을 둘로 규정한 것은 『한나 아렌트 정치판단 이론』(한길사, 근간)에서 내가 시도했던 내용이다.

4 악의 평범성과 책임의 문제

예루살렘의 아이히만

만일 어떤 군인이 명령에 따라 몹시 나쁜 일을 저질렀다면 그 군인에게 책임을 물을 수 있는가? 명령을 내린 사람은 마땅히 처벌받겠지만, 명령에 따라 잘못을 범한 사람도 책임을 져야 하는 것일까. 이 문제는 악의 평범성이라는 아렌트의 주제로 우리를 인도한다. 아렌트는 『예루살렘의 아이히만』에서 악의 평범성이라는 개념을 다룬다. 아이히만의 재판 내용을 알리는 성격의 이 책은 철학서라고 할 수는 없지만, 이 책에 관한 철학 논문과 저술이 상당히 많다.

이 책의 주인공인 아이히만은 1906년생으로 평범한 어린 시절을 보내고 고등학교에 다니다 중퇴한 후 취업한다. 1932년 독일에서 나치가 등장한 뒤에는 나치당에 가입해 친위대에 들어간다. 어느 정도 진급한 뒤에 그가 맡은 일은 유대인 문제였다. 그는 1938년부터 유대인 강제이주 정책의 책임자로 일하게 된다. 나치가 처음부터 유대인을 학살한 것은 아니었다. 그들은 크게 세 단계로 강도를 높여나갔다. 첫 번째 단계는 강제이주였다. 아이히만은 아주 영리한 두뇌를 활용해 체계적인 강제이주 방법을 고안했다. 하지만 강제이주는 전반적으로 더디게 진행되었고 크게 성공하지 못했다. 두 번째 단계는 강제격리였다. 주민들과 섞여 살고 있는 유대인을 전부 솎아내어 제한된 지역에 몰아넣었다. 나치는 게토ghetto를 만들어 유대인을 가두고 그곳에서 나오지 못하게 했다. 세 번째 단계는 격리된 유대인을 죽음의 수용소로 보내 말살시키는 것이었다. 나치는 이 마지막 단계를 '절멸'이 아니라 '최종 해결책'이라고 불렀다. 이 모든 과정에서 아이히만은 최선을 다해 자신에게 주어진 업무를 성실하게 수행했다.

아이히만은 패전 직전 잠적해 독일의 어느 산골마을에서 벌목공 행세를 하며 숨어 지냈다. 그러다 계속되는 체포의 위험을 피해 이탈리아를 거쳐 아르헨티나로 도망가 리카르도 클레멘트Ricardo Klement라는 가명으로 숨죽여 살았다. 처음에는 아주 비참하게 생활했지만, 1952년 독일계 벤츠 공장에 취직하면서 안정적인 생활을 하게 되었다. 생활이 안정되자 비밀스럽게 독일로 편지를 보내 아내와 아이들을 불러들인다. 이후에는 더욱 대범하게 아르헨티나로 도망 온 나치 잔당들과 어울리다가 결국 언론 인터뷰를 통해 정체가 드러나게 된다. 아이히만은 1960년 5월 11일 이스라엘의 전범 추적자들에게 체포되어 압송된다.

아이히만의 재판
아이히만은 유대인 600만 명을 죽이는 데 최고의 두뇌를 활용했

아이히만은 유대인 600만 명을 죽이는 데
최고의 두뇌를 활용했던 전범이었다.
그를 감정한 정신과 의사와 성직자는
모두 그를 정상이라고 판단했다.

던 전범이다. 따라서 그에 대한 재판은 유대인뿐만 아니라 전 세계인의 주목을 받았다. 이스라엘 검찰은 아이히만의 재판을 가능한 한 공정하게 진행하려 했고 독일인 가운데서 변호인을 구할 수 있도록 배려했다. 재판 과정도 공개했다. 이스라엘 정부는 이 재판이 전 세계의 유대인, 특히 유대인 청소년에게 좋은 교육의 장이 될 수 있을 것이라고 생각했다.

아이히만은 재판을 받기 전에 정신 감정을 받았다. 그를 감정한 정신과 의사와 성직자 모두 그를 정상이라고 판단했다. 그 가운데 한 의사는 아이히만을 감정한 자신이 오히려 정신이상자가 될 정도로 그는 정상이었다고 말했다. 많은 유대인이 아이히만을 악마요 미친 사람이라고 믿었으나, 그는 결코 정신이상자가 아니었다. 심지어 한 교도관이 그에게 당시 외설적인 내용으로 문제를 일으킨 소설 『롤리타』*Lolita*를 보여주었는데, 아이히만은 "아주 불건전한 책"이라고 비판하며 자기에게 그런 책을 보여주었다고 교도관에게 화를 내기도 했다.

아렌트는 당시 대학에서 강의하고 있었다. 연구를 위해 간간이 여행을 다니기도 했다. 그러다 아이히만이 체포되었다는 소식을 듣고 미국의 유명 잡지 『뉴요커』*The New Yorker*와 협의해 특파원 자격으로 예루살렘에 가게 되었다. 재판 결과는 사형이었다. 아이히만은 '인류에 대한 범죄'와 '유대민족에 대한 범죄'라는 죄목으로 사형 선고를 받았다. 그는 재심을 청구했지만 기각되었고 그 후 신속하게 형이 집행되었다. 아이히만은 1962년 5월 31일 자정이 넘어가기 직전 교수형에 처해졌고, 그의 시신은 곧바로 화장된 뒤 지중해의 이스라엘 수역 밖에 뿌려졌다. 아이히만의 시신을 이스라엘의 땅과 바다에 둘 수 없다는 이유에서였다.

악의 평범성 개념

재판장에서 아이히만이 보여준 모습은 악마가 아니었다. 가족에 대한 그의 태도를 보면 그는 가족을 사랑하는 좋은 가장이었다. 어리석은 사람도 아니었다. 그의 행정 능력은 탁월했다. 자신이 한 일은 자기에게는 상식적으로 합당한 일이었고, 국가 공무원으로서 해야 할 의무를 따랐을 뿐이라고 말했다. 자신이 한 일에 양심의 가책을 느끼지 않느냐는 질문에 그는 국민의 세금으로 월급을 받는 공무원으로서 국가가 자신에게 명령한 일을 제대로 수행하지 않았다면 양심의 가책을 느꼈을 것이라고 대답하기도 했다. 아이히만이 국가의 명령에 따라 세심하게 수행했던 일이란 바로 어린아이를 포함해 수백만 명을 죽음으로 내몬 일이었다.

이런 아이히만에 대해 아렌트는 그 자신이 하고 있는 일의 의미를 전혀 생각하지 못하고 살았다고 지적했다. 생각이 결여되었다는 것이다. 이때 생각이란 타인의 처지에서 생각해보는 사유인데 이러한 사유가 그에게서는 작동하지 않았던 것이다.

법적으로 보면, 아이히만의 활동은 합법적이었다고 할 수 있다. 아이히만의 관점에서 보면 그는 법을 잘 지키는 준법적인 시민이었다. 그러나 이때의 법은 나치의 법이었다. 아이히만은 그 법이 정당

재판장에서 아이히만이 보여준 모습은
악마가 아니었다.

아이히만의 장교 시절(왼쪽)과
재판 중 모습.
재판장에서 그가 보여준 모습은
악마가 아니었다.
좋은 가장이자 탁월한 공무원이었다.

한지 전혀 고민하지 않았다. 그는 다만 법과 명령에 따라 행동하는 기계였을 뿐이다. 뛰어난 행정 능력을 가진 기계 말이다.

소크라테스는 자기 검토 없는 삶은 살 가치가 없다고 했다. 자기 검토란 반성적 사유를 말한다. 반성적 사유는 사물을 식별하는 인지 작용이나 문제풀이 능력, 계산 등과는 전혀 다른 정신적 기능이다. 소크라테스식으로 말하면 자기 자신과 대화하는 능력이다. 자신이 한 일을 돌아보고 그것이 용납할 수 없는 일이었음을 깨달았다면, 자기와의 모순을 견딜 수 없게 된다. 이러한 자기모순을 범하지 않는 것이 소크라테스 윤리의 핵심이다. 아렌트는 아이히만이 사유하지 않았기 때문에 모순을 느끼며 괴로워하지 않았다고 지적하는 것이다.

악행과 책임의 문제

나치의 만행은 '절대악'이라고 불릴 만큼 엄청난 것이었다. 아렌트는 아이히만에게서 절대악의 화신을 볼 것이라 기대했다. 그런데 그는 악이 악한 존재에서 나오는 것이 아니라, 개인의 무사유에서, 아주 평범한 모습에서 나온다는 것을 깨닫는다.

악행의 원인을 어디에서 찾는지에 따라 책임 소재가 달라진다. 악의 문제를 사회구조나 악행자들이 가진 공통의 악마성에서 찾으려는 시도는, 사회나 어떤 외적 존재의 탓으로만 악의 문제의 책임을 돌리는 것이다.

홀로코스트^{Holocaust}라는 사건에서 가장 끔찍한 부분은 그 일에 관여한 수많은 사람이 우리와 똑같은 인간이라는 사실이다. 우리에게 악몽 같은 현실은, 그들이 인간이 할 수 있는 모든 일을 다 해버렸다는 사실이다. 불가능한 일을 해냈다는 좋은 의미에서가 아니라, 인간으로서 해서는 안 될 일까지 다 해버렸다는 뜻이다. 아렌트는 이토록 끔찍한 상황이 평범함에서 나올 수 있고, 따라서 그 책임을 우리 같은 평범한 사람의 태도에 물을 수 있음을 경고한다.

조직 속에서 행한 개인의 책임

악의 평범성이 무사유에서 비롯되며 그 책임이 아이히만에게 있다면, 한 가지 질문을 던질 수 있다. 과연 인간에게는 예외 없이 도덕적으로 행동할 수 있는 능력이 주어져 있느냐는 것이다. 조직 속에서 행한 행동에 대해서도 도덕적 책임을 져야 할 만큼의 도덕적 능력이 인간에게 존재한다고 볼 수 있느냐는 것이다. 조직 속에서 개인은 무력해질 수 있기 때문이다. 특히 전체주의나 독재 치하처럼 제도적으로 폭압적인 권력이 작용하는 곳이나, 군대처럼 엄격한 상명하복이 강조되는 곳에서 이런 질문은 심각해진다.

주목할 점은 아렌트가 도덕과 사회적 악행의 문제를 사유 능력과 연관 지었다는 것이다. 사유 능력은 누구에게나 주어진 것이다. 사유는 자신을 돌아보는 능력을 말하는데, 이때 돌아보는 자신과 돌아보는 내가 바라보게 되는 자신 사이에 모순이 발생하면 "내가 왜 이러지?"라고 자문하게 된다.

도덕은 이런 모순이 없는 상태다. 악행을 저지르면 이 때문에 발생하는 모순을 견딜 수 없게 되는데, 사유를 중지함으로써 이러한 모순을 경험하지 않는 것이 무사유의 문제다. 모순을 견딜 수 없는 자는 더 이상 악행을 저지를 수 없다. 아이히만은 스스로 내면의 모순을 들여다보기를 멈췄다. 아이히만이 원래 그런 사람은 아니었다. 원래 그런 사람은 없다는 것이 인간에 대한 철학과 도덕의 기본적인 전제이기도 하다. 아이히만은 나치에 협력하고 그 조직의 일원으로 살면서 어느 순간 그것을 돌아보며 생각하기를 멈춘 것이다.

생각을 멈춰도 여전히 계산할 수 있고 사회적 역량도 발휘할 수 있다. 그렇지만 생각을 멈추면 판단능력을 잃게 되어 결국 현실에서 일어나는 일의 의미를 파악하지 못하게 된다. 바로 이 지점에서 절대악이 발생할 수 있다. 현대인의 바쁜 생활로 우리는 이와 같은 악의 평범성에 노출된다. 악의 평범성이 절대악을 만들어낼 수 있다.

책임이란 내가 행한 것이나 내가 행하지 않은 것, 즉 나의 비행위 때문에 인과적으로 발생하는 모든 심리적·실질적인 부정적 결과의 원인이 나에게 있음을 인정하고 이에 대해 보상적 태도를 취하는 것이다. 내가 행하지 않은 것도 내 책임의 대상이 될 수 있고, 내가 행한 것의 직접적인 효과뿐만 아니라 간접적인 파급효과에 대해서도 나에게 책임이 있을 수 있다. 법적 문제에서 자유롭더라도 도덕적인 차원에서 우리는 책임을 살펴야 한다.

성실하게 살아가는 것만으로는 부족하다. 생각 없이 성실하게 살아가면 우리는 성실한 악행자가 될 수 있다. 그렇기에 우리 속에는 늘 생각이 살아 있어야 한다.

악의 평범성이 절대악을 만들어낼 수 있다.

아이히만 재판 결과

판사들은 아이히만에게 사형 판결을 내렸다. 아렌트는 정의를 실현하기 위한 판사들의 노력을 아주 긍정적으로 평가했다. 당시에도 사형제를 반대하는 운동이 전 세계적으로 일어났으나 아이히만에게 내려진 사형 선고에는 침묵을 지켰다. 반인륜적인 전쟁범죄자에게는 사형반대 운동이 가당치 않다고 생각했는지도 모르겠다. 철학자 마틴 부버 같은 일부 사람들은 사형반대를 요청하기도 했다. 아이히만 같은 사람은 죽어서 응보를 받게 할 것이 아니라 살아서 평생 대가를 치르게 하는 게 더 유익하다는 이유였다.

아렌트도 아이히만의 사형이 타당하다고 보았다. 아이히만이 조직 속에서 하나의 도구처럼 기능할 수밖에 없었고, 이 때문에 불행해졌다 할지라도 그가 대량학살 정책을 지지했던 것도 사실이었다. 또한 아이히만과 나치는 유대인들에게서 법적인 보호 장치를 벗겨내고, 그들이 인간이라는 사실도 부정해 인간 이하의 존재로 취급하며 학살했다. 아렌트는 이러한 점에서 그들이 저지른 범죄는 유대인에 대한 범죄일 뿐만 아니라 인류에 대한 범죄라고 지적한다. 결국 아이히만과 나치가 유대인을 인간 세계에서 완전히 내쫓아 죽음에 이르게 했던 것처럼 범죄자 아이히만도 그가 함께하기를 원하지 않았던 사람들이 사는 세상 밖으로 내보내야 한다고 아렌트는 최종적으로 판단한다. 이는 곧 사형을 의미한다. 여러 해가 지난 후 아렌트는 사형제 반대의 입장을 갖는다. 인간은 실수할 수 있는 존재라는 이유에서였다.

명령 수행자의 책임

명령에 따라 악행을 저지른 사람에게 그 행위에 대한 책임을 물을 수 있느냐고 질문하는 사람에게 나는 '당신은 어떤 세상에서 살고 싶은가?'라고 반문하고 싶다. 예를 들어보자. 상관의 명령에 따랐다 해도 무장해제한 적군을 사살하는 행위는 전쟁범죄다. 그런 일들은 전시에 얼마든지 일어날 수 있다. 그러나 그런 사건을 꼬집어내어 범죄 유무를 묻고 처벌 여부를 따지는 것은 아주 다른 문제다.

달리 말하면, 그런 일을 그대로 용인하는 국가에 살기를 원하는지, 아니면 그런 일을 용인하지 않는 국가에 살기를 원하는지를 스스로에게 물어보자는 것이다. 어느 나라에서 살고 있는지에 따라 삶의 모습은 무척 달라질 것이다. 인류의 역사가 한쪽 유형의 사회에서 다른 쪽 유형의 사회로 나아가는 경우를 발전이라고 한다. 우리도 그런 발전을 이루기 위해 노력하고 있는 것이다.

더 읽고 더 생각하기

· 아이히만의 재판 기록은 한나 아렌트, 김선욱 옮김, 『예루살렘의 아이히만: 악의 평범성에 대한 보고서』(한길사, 2006)에 나온다.

· 리처드 번스타인, 김선욱 옮김, 『한나 아렌트와 유대인 문제』(아모르문디, 2009)에는 특히 유대인 문제와 관련된 이야기가 풍부하게 정리되어 있다.

· 조직 속에서 행한 일에 대한 개인의 책임 문제는 아직 번역되지

않은 Hannah Arendt, Jerome Kohn(ed.), *Judgment and Responsibility* (Schoken Books, 2005)에 실린 "Personal Responsibility under Dictatorship"에서 다룬다.

5 독단과 이해

아이히만의 사유와 언어

'악의 평범성'이라는 말뜻을 잠시 살펴보자. 영어의 banality는 '평범성' '진부성' '범속성' 등으로 번역할 수 있다. 어떤 단어를 선택할지는 어떤 의미를 강조하고 싶은지에 달려 있다. 내가 옮긴 『예루살렘의 아이히만』에서는 '평범성'을 선택했다. 그 이유는 현대인의 평범한 일상에서 보이는 무사유나 생각 없이 사는 모습을 많이 의식했기 때문이다.

무사유란 사유의 부재이므로, 악의 평범성은 악을 '없음'과 연결하는 개념이다. 우리가 무엇에 대해 생각하려면 그것은 실체가 있어야 한다. 그런데 악은 실체가 없기 때문에 이에 대해 생각할 수도 없다. 이처럼 악은 실질적으로 작용한다. 마치 실체는 없지만 기능을 하는 그림자처럼 말이다.

그렇다면 우리는 무엇에 주목할 때 평범한 악의 작용을 포착할수 있을까? 그것은 바로 말이다. 우리의 생각은 언어로 작동되고 언어로 표현된다. 그래서 아렌트는 악의 평범성의 징후에 대해 '말이 작동하지 않는 것'이라고 했다.

아렌트는 아이히만의 이상한 언어 습관에 주목했다. 아이히만은 과거에 자신이 한 일들을 설명할 때 클리셰^{cliche}, 즉 상투어, 관청에서 쓰는 굳어진 관용어, 선전 선동을 위해 사용하는 선전 문구 등을 자연스럽게 내뱉었다. 아이히만이 사용한 독일어 표현들을 우리말로 옮겨도 우리가 감각적으로 느끼기 어렵다. 그러나 아렌트는 독일에서 태어나 자라고 공부했던 터라 그런 언어에 익숙했다. 그랬기에 아렌트는 아이히만의 입에서 수많은 상투어 표현이 자연스레 튀어나오자 상당히 놀랐던 것이다.

재판관들이 그런 표현을 이해하지 못해 다시 설명을 요구했을 때, 아이히만은 "미안하지만 제가 쓰고 있는 말은 관청 용어이고요. 이것은 저의 언어입니다"라고 답했다. 자기의 언어가 되어버린 관청 용어들을 다른 말로 바꾸어 설명할 능력이 없었던 것이다. 이것이 아렌트가 지적한 '말의 무능함'이다. 말의 무능함은 말의 뿌리에 있는 사유가 제대로 작동하지 않았기 때문에 나타난다. 사유의 무능성이 말의 무능성으로 나타난 것이다.

나치의 언어 규칙

나치는 독특한 언어 규칙을 활용했다. 그들은 유대인 절멸을 '최종 해결책'^{the final solution}이라고 불렀다. '유대인 절멸'과 '최종 해결책'이라는 두 표현의 어감은 완전히 다르다. 또 다른 용어로 '특별 취급'이 있는데, 이는 유대인들을 학살한다는 말이다. 그들을 특별

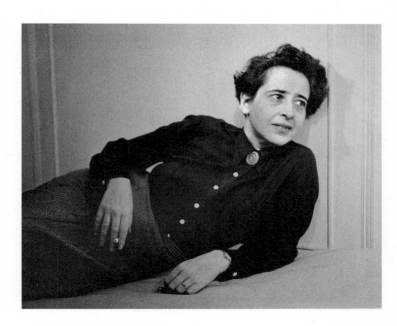

1944년 뉴욕에서 찍은 사진.
아렌트는 아이히만의 재판을 보며
그의 이상한 언어습관, 즉 상투어를
지나치게 많이 사용하는 습관을
눈여겨보았다.
그것은 말의 무능함이자 사고의 무능함을
나타내는 것이었다.

한 방식으로 대우한다는 의미다. '안락사'라는 말은 장애인들을 죽이는 것을 뜻했다.

나치는 이런 식의 우회적인 표현법을 언어 규칙으로 만들어 사용했는데, 일반인들은 이런 말을 사용하면서도 실상을 이해하지 못했다. 물론 현실을 직접 표현하는 언어가 주는 충격을 회피하는 것이기도 했다. 유대인을 죽이면서도 그 표현을 달리함으로써 적어도 의식만큼은 정상적으로 작동할 수 있도록 한 것이다.

사유는 우리에게 독단에 반대하고 구태와 인습, 외부의 잘못된 권위와 명령에 거부할 힘을 부여한다. 그리고 가치 있는 것과 가치 없는 것, 옳은 것과 잘못된 것을 판단할 수 있는 뿌리가 된다. 나치는 실제로 벌어지는 일이 언어로 표현되지 못하도록 차단해, 잘못된 명령이라도 무비판적으로 따르게 했다. 이처럼 말이 사유에 미치는 영향을 잘 포착하는 것이 중요한 만큼, 우리도 현실을 잘 반영하는 언어를 적절히 사용하고 있는지, 또 언어를 통해 현실에 잘 반응하고 있는지 살펴보아야 한다.

그뤼버 감독의 경우

아이히만 재판이 한창이던 때 흥미로운 사건이 벌어진다. 하인리히 그뤼버Heinrich Grüber, 1891~1975라는 독일교회 감독이 증인으로 나선 것이다. 그뤼버 감독은 아이히만과의 협조적인 관계를 바탕으로 독일에서 도망칠 수 있도록 유대인에게 많은 도움을 준 사람이었다. 그는 유대인을 구하기 위해서 아이히만과 협상을 벌였고 기독

교로 개종한 많은 유대인에게 사태의 위험성을 알리기도 했다. 그는 검찰 측 증인으로 출석했다.

아이히만의 변호인은 그뤼버 감독에게, 아이히만의 잘못을 알고 있었으면서도 어째서 도덕적으로 잘못된 일을 하고 있다고 그를 설득해 그 길에서 돌아서게 하지 않았느냐고 물었다. 그뤼버 감독은 행동이 말보다 더 효과적인데, 말을 했어도 소용없었을 것이라고 대답했다. 아렌트는 이 대답에 실망했다. 아렌트는 그뤼버 감독도 그 순간 상투어를 썼다고 지적한다. '행동이 말보다 효과적이다. 말해봤자 쓸데없다'라는 말이 생각 없이 내뱉은 상투어라는 것이다.

아렌트는 행위와 말 가운데 말이 훨씬 더 중요하다고 보았다. 행위의 의미는 항상 말로 해명되기 때문이다. 말에는 힘이 있고, 말하는 것 자체가 행위다. 그뤼버 감독은 성직자이고 성직자의 임무 가운데 하나는 말을 해서 그 말이 영향을 미치도록 하는 것이라고 아렌트는 지적한다. 그뤼버 감독은 아이히만을 설득하려고 시도했어야 했고 그 말이 잘 작용하는지 확인했어야 했다는 아렌트의 지적은 냉정하다.

상투어와 독단

상투어가 처음부터 상투어였던 것은 아니다. 상투어도 처음 사용했을 때는 신선한 말이었다. 다만 시간이 지나고 현실이 변함에 따라 말도 같이 변해야 하는데 그러지 못하고 고집스럽게 사용돼 상투어가 된 것이다. 따라서 상투어는 생각을 새롭게 일궈내지 못하

> 아렌트는 행위와 말 가운데
> 말이 훨씬 더 중요하다고 보았다.

고, 현실을 고정된 관념에 맞춰 이해하도록 한다. 상투어를 통해서는 현실의 생생함이 생각 속으로 들어올 수 없다. 상투어를 듣는 사람은 진부함을 느끼게 된다. 말이 변하지 않으니 진부해지는 것이다. '악의 평범성'이란 말을 '악의 진부성'으로도 번역할 수 있는 것은 이런 맥락에서다.

말에는 생각을 변화시키고, 사람을 변화시키는 힘이 있다. 말이 주는 영향력을 거부하는 것을 독단이라 한다. 독단이란 자기만의 생각에 사로잡혀, 말을 통해 다가오는 현실의 영향력을 거부하는 것이다. 독단에 빠진 사람들은 자기 틀에 갇혀 산다. 그래서 새로운 이야기를 들어도 자기의 틀 안에서만 생각하고 말한다. 심지어 남에게도 자신의 생각을 따르도록 요구한다.

독단에 빠진 사람은 대화할 때 자기 생각만 반복적으로 말한다. 그에게 말은 자기의 독단을 관철하는 도구로만 기능한다. 이때 말은 세상을 공격하는 도구로만 쓰일 뿐, 현실의 영향력을 반영해 자기 생각을 바꾸도록 하지 않는다. 말의 힘이 그에게는 작동하지 않는 것이다. 독단에 빠진 사람에게 말은 항상 공격용 무기일 뿐 대화 장치가 아니다.

이해와 지식

독단의 정반대는 '이해'다. '이해'란 일종의 전문용어로, 우리가 일상적으로 사용하는 '이해한다'라는 말과 의미가 다르다. 통상적으로 이해한다는 말에는 '용서'의 의미가 담겨 있지만, 여기서 말하

말에는 생각을 변화시키고, 사람을 변화시키는 힘이 있다.

는 이해에는 용서의 의미가 포함되지 않는다.

이해란 낯선 곳에 적응하기 위해 필요한 정신 능력이다. 우리는 이 세상에 태어나기 전에는 존재하지 않았고, 태어날 때는 낯선 이로 태어난다. 새로운 존재인 우리에게 이 세계는 낯설 수밖에 없다. 따라서 우리는 먼저 이 세계에 적응하고 친숙해져야 한다. 이를 위해 우리가 발휘해야 하는 능력이 바로 이해다.

우리가 만나는 세상은 살기 좋은 세계, 정의로운 세계일 수도 있고, 나치 독일처럼 아주 고통스럽고 비인간적인 세계일 수도 있다. 그것은 우리의 선택에 달려 있지 않다. 그런데 그 어떤 세계라도 친숙해지기 전에 제대로 알아야 한다. 그래서 '이해'는 '현실과 친해지기' '현실을 감수하고 받아들이고 화해하기' '현실과 편해지기' 등으로 표현된다.

그렇다면 우리가 독재나 아주 사악한 세계의 현상과도 어울리거나 화해해야 한다는 아렌트의 말은 무슨 뜻인가? 아렌트는 그런 세계를 있는 모습 그대로 인정하고 수용하라는 것이 아니라, 단지 어떤 모습인지 자세히 들여다보아야 한다고 말한 것이다. 견딜 수 없는 험악한 일들이 벌어지고 있는 이 세계를 직시하는 것도 사실은 참기 어려운 일이다. 그렇지만 그런 세상을 외면하지 않고 참고 견디며 들여다보는 가운데 이해를 추구해야 한다고, 일이 어떻게 해서 그렇게 진행되었는지 체계적으로 살펴보아야 한다고 아렌트는 말한다.

이해는 지식과 다르다. 지식은 현실에 대한 명확한 내용을 우리에게 알려준다. 그런데 이해는 특정한 내용을 아는지 모르는지의 문제가 아니라, 그 내용에 대해 우리가 어떤 태도를 취하는지의 문제다. 세상에 대한 지식이 많은 자가 반드시 세계를 바꾸지는 않는다. 지식이 많아도 나쁜 세상을 유지하기 위해 애쓰는 자가 얼마나 많은가. 우리 현대사만 보아도 민중이 독재에 신음할 때, 그런 체제를 지속하도록 자신의 지식을 공여한 사람이 얼마나 많았는지 쉽게 알 수 있다.

이해를 갖춘 사람은 독재나 전체주의 상황에 분노하며 결코 협조하지 않는다. 전체주의의 실상을 이해한 사람이 전체주의에 대한 지식까지 갖추게 되면, 그는 그 지식으로 전체주의와 싸우려고 노력한다. 이해의 태도로 무장되지 않은 지식인은 싸우려고 하지 않는다. 이해가 형성되지 않은 사람의 지식은 맹목적이다. 방향성 없이 좌충우돌하며 도구적으로만 활용될 뿐이다. 바람직한 지식인은 이해의 태도와 지식을 겸비한 사람이다. 현실에 대한 참된 이해를 갖춰야 좋은 세상을 만들고 유지할 수 있다.

이해를 갖추기 위해서는 다른 사람의 말을 경청해야 한다. 특히 대중적 언어에 민감해야 한다. 대중은 이론적으로 약해도 현실에 깊이 매어 있기에, 대중의 생생한 언어로 현실의 모습이 드러난다. 우리는 세상이 잘못되었을 때 대중이 내뱉는 분노의 언어에 귀를 기울여야 한다. 대중이 침묵하거나 왜곡된 행동을 할 때는 올바른 지식과 바른 이해로 대응해야 한다. 분노할 일에는 분노할 줄 알고, 세상에 대한 올바른 태도를 늘 견지하며, 이러한 토대 위에서 지식

이해를 갖춘 사람은 독재나 전체주의 상황에 분노하며
결코 협조하지 않는다.

을 쌓을 때 더불어 사는 세상을 잘 유지하는 시민이 될 수 있다. 말을 통해 들려오는 세상의 참모습을 잘 포착해 세상에 대한 바른 태도를 갖춰야 하는 것이다.

더 읽고 더 생각하기

· '평범성' 개념의 번역 문제는 김선욱, 『아모르 문디에서 레스 푸블리카로: 한나 아렌트의 공화주의』(아포리아, 2015) 제7장에서 자세히 다루었다.

· 악의 평범성을 사유의 문제와 연결한 것은 아렌트가 『예루살렘의 아이히만』에서 제시한 탁견이다. 이를 철학적으로 깊이 천착한 글이 한나 아렌트, 홍원표 옮김, 『정신의 삶: 사유』(푸른숲, 2004)다.

· 언어와 사유의 관계를 이해와 독단 개념과 연결한 부분은 아렌트의 초기 글 모음집인 한나 아렌트, 홍원표 외 옮김, 『이해의 에세이 1930~1954』(텍스트, 2012)에 나오는 「이해와 정치」를 참고했다.

6 자기 민족의 잘못을 비판하기

홀로코스트에 유대인의 책임이 있는가

유대인에게도 홀로코스트에 대한 책임이 있을까? 홀로코스트는 유대인이, 그것도 600만 명이나 되는 유대인이 학살당한 사건이다. 그런데도 우리가 유대인에게 홀로코스트에 대한 부분적인 책임을 묻는 아렌트의 말에 귀를 기울이는 것은 두 가지 이유 때문이다. 첫째는 유대인들의 최근 역사에 대해 좀더 정확한 지식을 쌓자는 것이고, 둘째는 우리 자신의 최근 역사에 대한 책임 문제를 살펴보자는 것이다.

아렌트는 유대인이다. 그는 전체주의에 대한 획기적인 연구서 『전체주의의 기원』을 통해 학문적인 명성을 얻는다. 그는 이 책에서 유대인이 홀로코스트라는 엄청난 사건에까지 내몰리게 된 일에 대해 유대인 스스로 져야 할 책임이 있다고 지적했다. 그로부터 약 10년 후 아이히만의 재판을 보면서도 아렌트는 유대인의 문제점을 지적했다. 아렌트는 특히 게토 내부에서 자치가 이루어졌던 시기에 내부 조정 역할을 맡았던 유대인 위원회가 알량한 권력을 행사한 모습을 날카롭게 지적했다. 이에 대해 유대인 주류사회는 아주 예민한 반응을 보였다. 지도층 유대인 가운데 아렌트와 밀접한 관계를 맺고 있었던 사람들도 여지없이 분노를 표했다. 그런데도 아렌트는 물어야 할 질문은 정확하게 물을 필요가 있다고 생각했다.

아렌트가 아이히만의 악행과 잘못을 비판하는 것에만 초점을 맞추지 않고 악의 평범성이라는 개념을 통해 문제를 보편화했던 것도 유대인의 분노를 샀다. 이러한 악에 대해서는 유대인도 예외는 아니니 말이다. 이 때문에 대부분 유대인은 아렌트를 꺼리게 되어 결국 20세기 말까지도 아렌트의 주요 저술들은 이스라엘어로 번역되지 못했다. 물론 비판적인 유대인 지식인들은 아렌트의 태도를 높이 평가했지만 말이다.

유대인의 잘못

아렌트가 기회 있을 때마다 유대인의 잘못을 지적한 이유는 그들에게 똑같은 잘못을 저지르지 않게 하기 위해서였다. 『전체주의의 기원』에서 아렌트는 유대인이 공적 활동에 무관심했던 점에 주목한다. 예를 들어 유럽의 유대인 중에는 매우 부유한 자들도 있었고, 유럽인 평균 수준으로 사는 자도 적지 않았다. 아렌트는 그런 부富를 차지함으로써 마땅히 해야 할 공적 기능을 하지 않았다는 것이 역사 속에서 유대인이 범한 중요한 잘못이라고 지적한다. 아렌트는 알렉시 토크빌Alexis de Tocqueville, 1805~59의 말을 빌려, 확인할 수 있는 기능이 없는 부는 증오의 대상임을 환기했다. 프랑스혁명 당시 귀족들이 많은 부를 차지하고 있으면서도 아무런 기능을 하지 않음으로써 사회적으로 비판받았던 점을 유대인에게도 적용한 것이다.

이러한 아렌트의 비판은 유대인에 관한 우리의 편견을 교정하는 역할도 한다. 많은 사람은 유대인이 거대 권력을 전횡했기 때문에 홀로코스트 같은 일을 당했다고 보거나, 그와는 정반대로, 그들이 무력하고 무지한 상태에서 순결한 희생양처럼 고통당했다고 생각한다. 아렌트는 자기 자신이 유대인이면서도, 당시 유대인이 완벽히 순결하지는 않았으며, 그들에게도 세상사에 관여한 수많은 집단과 마찬가지로 마땅히 해야 했던 공적 역할이 있었다고 지적한다. 아주 잔혹한 사건의 희생자가 되었다고 해서, 유대인이 마땅히 수행했어야 할 공동 책임을 외면해서는 안 된다는 것이다.

유대인이 감당해야 하는 책임

유대인은 지역에 따라 부유한 계층으로도, 비참한 계층으로도 존재했다. 그 가운데는 절대왕정 시대의 유럽에서 중요한 사회적 역할을 맡았던 유대인도 있었다. 절대왕권을 운영하기 위해 왕은 많은 부가 필요했다. 이때 주로 유대인이 국가에 돈을 빌려주어 국가 사업 확장에 참여하고 왕궁의 재정을 담당했다. 이전까지는 일종의 소외계층이었던 유대인이 이때 와서 나름대로 특권을 보장받으며 대우받게 되었다. 그런데 그들이 받은 특권은 정치권 일부의 약속에 따른 것이어서 사실상 그 지위가 허공에 떠 있는 것이나 마찬가지였다. 귀족들의 보호를 받았던 것도, 국가의 전체적인 질서 가운

아주 잔혹한 사건의 희생자가 되었다고 해서,
유대인이 마땅히 수행했어야 할
공동 책임을 외면해서는 안 된다.

데 확고한 자리를 잡았던 것도 아니었다.

아렌트는 당시 유대인이 특권을 보장받기 위해 유럽을 잇는 나름의 커넥션, 즉 자금을 운용하기 위한 범유럽적인 모임체를 왜 형성하지 않았는지 묻는다. 유대인은 유럽 각국에 퍼져 골고루 영향력을 행사했으니, 그 영향력을 바탕으로 서로 연합을 도모할 수 있었을 텐데도 말이다. 여하튼 유대인은 철저하게 개인으로만 활동했고 아렌트는 이 점을 몹시 아쉬워했다.

이후 유럽 전체에 국민국가들이 형성될 때, 헌법이 규정하는 주권을 적용받지 못한 유대인은 국가 내부 질서로 편입될 수 없었다. 유대인은 그때까지도 여전히 특별한 집단으로만 남아 있었고, 주권국민이 아닌 2등 국민으로 머물러야 했다. 그들에게 주어진 평등은 특별한 지위, 즉 특권의 형태로 변했다. 이후 제국주의 시대가 들어서면서 유대인의 지위는 상실되었고 과거 귀족과 관계하며 생긴 특권도 모두 소멸되었다. 그렇게 유대인은 사회적으로 몰락하기 시작했고 홀로코스트로 가는 길이 열렸다.

아렌트는 이런 과정을 돌아보면서 유대인들이 오랫동안 어떠한 정치적 지위도 형성하려 하지 않았기 때문에, 정치적 수세에 몰렸을 때 정치적인 힘을 발휘할 수 없었다고 말한다. 이것이 유대인에게 결여되었던 부분이고, 유대인이 져야 하는 책임이라는 것이다.

권리를 가질 권리

아렌트는 유대인이 장차 해야 할 정치에 대해서도 아주 독특하고 의미 있는 비판을 가한다. 유대인은 제2차 세계대전 후 팔레스타인 지역에 이스라엘이라는 국민국가를 세웠다. 우리는 그곳에서 이스라엘이 건국되기 전부터 살아온 팔레스타인인과 유대인의 심각한 갈등을 알고 있다.

유대인이 팔레스타인에 자신의 조국을 건설한다는 시온주의 Zionism 정신에 고무되어 이주해 들어간 것은 19세기 중엽부터였다. 당시 그곳에는 토착 유대인들이 있었는데, 이들은 시온주의가 지나치게 세속적이라 생각해 이단시하기도 했다. 당시 그곳의 지배권은 이집트와 터키 등의 손에 오갔다가 20세기 초에 영국의 실질적인 지배하에 들어갔다. 아렌트가 독일을 빠져나와 프랑스 파리에 거주하던 시절의 팔레스타인은 영국의 지배하에 있었다. 이때 아렌트는 파리로 망명한 유대인 집안의 청년들이 팔레스타인 지역을 견학할 수 있게 해주는 시온주의 조직의 일을 돕기도 했다.

1940년대 들어 미국과 영국에 사는 유대인이 자신들만의 국가를 어떻게 만들 것인지에 대해 논의하며 국가 건설을 도모한다. 이 과정에서 시온주의자들이 1942년 빌트모어 프로그램Biltmore Program을 채택한다. 이는 유대인의 주권만 인정하는 국민국가를 팔레스타인 지역에 건설한다는 선언이었다. 이후 1944년 10월, 미국의 시온주의자들은 하나의 결의안을 채택하고 세계 시온주의 조직의 승인을 받는다. 그 내용은 '분할되지 않고 축소되지 않은, 팔레스타인 전체를 포함하는 자유롭고 민주적인 유대인 국가를 설립한다'는 것이었다. 아랍인이나 팔레스타인인은 소수자로서 또는 2등 시민으로서의 권리만을 인정했다.

이러한 결정에 대해 아렌트와 일부 유대인은 유대인과 아랍인의 관계를 무시하고 그들을 억압하는 내용의 결의안을 채택했다고 분노했다. 시온주의자들의 목표는 주권이 있는 유대인 국가 건설이었는데, 이는 명백히 아랍인과 팔레스타인인에게서 '권리를 가질 권리'the right to have rights를 박탈하는 것이었기 때문이다. '권리를 가질 권리'란 유대인이 유럽에서 국민국가가 건설되는 과정과 홀로코스트를 겪게 되는 과정에서 갖지 못한 권리를 표현하기 위해 『전체주의의 기원』에서 아렌트가 고안해낸 말이다. 즉 아렌트가 보기에 팔레스타인인에게서 그런 권리를 박탈하는 것은 결코 유대인이 취해야 할 길이 아니었다. 오늘날 우리는 시대를 앞선 아렌트의 혜안에 놀라게 된다. 아렌트가 예견한 문제가 그대로 현실이 되었기 때문이다.

아렌트는 '유대인 국가'와 '유대인 주권국가'의 개념을 구분함으로써 대안을 발견한다. 오늘날 우리가 너무나 일상적으로 당연하게 받아들이고 있는 주권국가 개념 또는 주권 개념에 초점을 맞춘 것이다. 아렌트는 유대인과 팔레스타인인 가운데 어느 한쪽만 주권을 갖는 것이 아니라 이들이 모두 똑같은 권리를 갖는 이중 민족국가를 건설해야 한다고 생각했다. 아랍인과 유대인이 각각 정치 공동체를 형성하고, 그런 공동체를 연합해 연방제 형태의 국가를 건설하자는 것이다. 물론 한 지역을 분할하면 지역 갈등이 발생할 것이라는 반대 의견도 있었지만, 아렌트는 분할된 지역 사이에 협력구

시온주의자들의 목표는 주권이 있는 유대인 국가 건설이었는데,
이는 명백히 아랍인과 팔레스타인인에게서
'권리를 가질 권리'를 박탈하는 것이었다.

이스라엘군 탱크에 돌을 던지는
팔레스타인 아이들.
아렌트는 시온주의자들의
유대인 주권국가 건설 계획을
강력히 비판했다.

조를 형성하는 '유대-아랍 공동체 위원회'를 만들어 아주 낮은 단계에서부터 갈등을 해소하면 된다고 생각했다. 이러한 생각은 많은 시온주의자에게 거센 비판을 받았고 아렌트는 유대인의 현실정치에서 멀어지게 되었다.

우리 스스로 묻는 책임

아렌트의 이야기를 따라가다 보면 유대인의 책임 문제를 날카롭게 지적한 부분에 경이감을 느끼게 된다. 그런 통렬한 반성이 있었기에 우리도 이를 거울 삼아 스스로를 돌아볼 수 있는 사상적 힘을 얻는 것 같다.

우리도 과거를 돌아보면 우리가 처했던 역사적 상황이 있었고, 그때 외면하지 않았어야 할 역할이 있었다. 우리가 행했던, 또 행하지 못했던 정치적인 역할에 대해 우리는 역사의 한 주체로서 책임을 감당해야 할 것이다. 이런 책임 묻기는 일제강점기와 동족상잔의 비극을 경험한 우리에게 통렬하게 다가온다. 우리는 주로 피해자의 관점에서 스스로를 돌아보지만, 아렌트는 피해자에게도 일정 부분 책임이 있다고 지적했다. 피해자의 책임도 현실에서 감당해야 할 역사적 주체의 역할과 연결되므로, 어쩌면 우리에게는 스스로를 가해자로 보는 관점이 필요할지도 모르겠다.

더 읽고 더 생각하기

· 유대인의 책임 문제는 한나 아렌트, 이진우 외 옮김, 『전체주의의

> 피해자의 책임도 현실에서 감당해야 할
> 역사적 주체의 역할과 연결되므로,
> 어쩌면 우리에게는 스스로를
> 가해자로 보는 관점이 필요할지도 모르겠다.

기원 1』(한길사, 2006)과 『예루살렘의 아이히만』 여러 곳에서 거론
된다.

· 번스타인의 『한나 아렌트와 유대인 문제』(아모르문디, 2009)도 이
문제를 이해하는 데 도움이 된다.

· 유대인 문제를 다룬 다른 책으로는 한나 아렌트, 김희정 옮김,
『라헬 파른하겐: 어느 유대인 여성의 삶』(텍스트, 2013)이 있다.

· 유대인에 관한 아렌트의 글 모음으로는 Hannah Arendt, Jerome
Kohn and Ron H. Feldman(ed.), *The Jewish Writings*(Schoken
Books, 2008)가 있다.

· 우리가 물어야 할 역사적 책임에 대한 문제의식을 박명림 교수는
2017년 5월 20일자 네이버 특강 '한나 아렌트와 정치철학'에서
아렌트와 연관시켜 명료하게 표현했다.

7 전체주의란 무엇인가

『전체주의의 기원』을 저술한 의도

『전체주의의 기원』은 아렌트를 주목받는 학자의 반열에 올려놓은 아주 중요한 책이다. 이 책을 쓰기 전까지 아렌트는 유대인 사회에서 발간하는 저널에 정치 논평을 기고하는 정치 평론가로 활동했다. 『전체주의의 기원』을 쓴 후 아렌트는 학자로서 주목받게 되었고 대학에서 강의도 하게 되었다. 이 책의 우리말 제목이 '전체주의의 기원'이지만, 직역하면 '전체주의의 기원들'로, 전체주의의 기원이 단일하지 않고 복합적임을 보여준다.

『전체주의의 기원』은 총 3부로 구성된다. 제1부는 반유대주의를, 제2부는 제국주의를 그리고 제3부는 전체주의를 다룬다. 반유대주의와 제국주의가 결합한 상태에서 전체주의가 등장한다는 생각이 담긴 구성이다.

이 책의 「서문」에서 아렌트는 제2차 세계대전의 종전과 더불어 전체주의가 끝난 것이 아니라, 당시 자신이 살던 미국에서도 전체주의의 특징을 이루는 여러 요소가 등장하고 있음을 느낀다고 했다. 초판 「서문」에서 아렌트는 "서구 역사의 바탕에 흐르고 있는 근본적인 저류가 마침내 표면으로 올라와서 우리 전통의 품위를 침탈했다"라는 말을 현재 완료시제로 썼다. 이는 자신이 사는 현실에서 전체주의를 경험하고 있음을 웅변한 것이다. 초판 마지막에서는 "전체주의적 해결책들은 전체주의 정권의 몰락 이후에도 인간에게 가치 있는 방식으로 정치적·사회적 또는 경제적 고통을 완화시키는 일이 불가능해 보일 때면, 언제나 다시 나타날 강한 유혹물의 형태로 살아남을 것은 당연하다"라고 썼다. 전체주의 정부는 끝났지만, 전체주의를 구성했던 요소는 우리 사회 속에서 항상 새롭게 등장할 수 있다는 지적이다.

아렌트 전기를 쓴 영브루엘은 『아렌트 읽기』^{Why Arendt Matters}라는 저서에서, '전체주의의 맹아가 다시 나타날 때 우리는 이를 어떻게 정확히 식별해낼 수 있는가'라는 문제의식에서 아렌트의 『전체주의의 기원』이 출발한다고 증언한다. 아렌트의 시선이 과거만이 아니라 미래를 향하고 있다는 말이다. 오늘날 전 세계적으로 이 책에 대한 관심이 점차 높아지고, 우리도 이 책에 관심을 기울이는 이유는 우리가 바로 우리 시대에서 전체주의적인 요소 또는 전체주의적 징후를 보고 있기 때문이다.

전체주의란 무엇인가

전체주의^{totalitarianism}라는 단어가 1930년대 말부터 널리 사용되었는데, 상황에 따라 여러 뜻으로 해석되었다. 때로는 파시즘을, 때로는 제국주의를, 때로는 독재를 가리켰다. 이러한 상황은 지금도 마찬가지다. 그러나 아렌트는 이 개념을 아주 특정한 현상만을 가리켜 사용한다. 즉 반유대주의 같은 인종주의 그리고 제국주의라는 시대적 과정을 거치며 발달해 나치 독일에서 나타난 현상으로만 제한한 것이다.

내용상 전체주의에는 두 핵심 축이 있다. 바로 테러와 이데올로기다. 이 두 축을 통해 전체주의는 총체적인 지배를 추구한다. 여기서 말하는 '지배'란 주인이 노예에게 행하는 것 같은 지배를 말한다. 이러한 지배가 부분적이 아니라 총체적으로 이루어지는 상황이 바로 전체주의다.

총체적 지배란 한 개인의 외부세계와 내면세계를 모두 철저히 지배하는 것을 말한다. 전체주의 통치 집단은 자신이 만든 전체주의 이데올로기를 국민에게 주입하기 위해 공포테러 상태를 일상화한다. 공포 정치의 대표적 장치가 수용소다. 수용소의 수감 대상은 범죄자로만 국한되지 않는다. 누구든지 잡혀 들어갈 수 있고 심지어 비밀경찰도 예외는 아니기 때문에 공포는 모두를 향해 일상적으로 작용하게 된다.

총체적 지배를 통해 인간은 개별 인격체로서 자유롭고 개성 있게 살아가는 존재가 아니라, 주어진 자극에 항상 동일한 반응을 일으키는 똑같은 존재, 모두가 하나인 동일한 존재로 환원된다. 개인은 대체 불가능한 개성적 존재가 아니라 언제나 교환 가능한 부품 같은 존재가 된다. 결국 '인간의 복수성'이라는 단어로 표현된 인간의

> 총체적 지배를 통해
> 인간은 개별 인격체로서 자유롭고 개성 있게
> 살아가는 존재가 아니라,
> 주어진 자극에 항상 동일한 반응을 일으키는
> 똑같은 존재, 모두가 하나인
> 동일한 존재로 환원된다.

모습은 소멸한다.

인간성 말살의 세 단계

강제수용소란 통상의 법적 절차로는 유죄판결을 내릴 수 없는 사람들을 강제로 모았다는 점에서 전체주의적 통치방식을 대표하는 체제다. 전체주의 체제는 수용소를 인간에 대한 어떤 실험이나 악행도 다 해볼 수 있는 곳으로 사용했다. 궁극적으로는 개인의 자발성을 완전히 제거해 단순한 반응기계로 만들어버렸다. 나치의 경우 이는 세 단계를 거쳤다.

첫 번째 단계는 인간의 법적 인격을 살해하는 것이다. 이는 인간을 완전히 지배하기 위해 법이 지배하는 공동체의 외부로 쫓아내는 것이다. 실제로 나치는 유대인에게서 법적 보호를 벗겨내고, 국적을 박탈했다.

두 번째 단계는 인간의 도덕적 인격을 살해하는 것이다. 전체주의 체제에서 인간은 선과 악 가운데 하나를 선택하는 것이 아니라 이런 살인과 저런 살인 가운데 하나를 선택하는 듯한 상황에 내몰리게 된다. "친구를 속여 죽게 할 것인가, 아니면 당신의 아내와 자식을 죽게 할 것인가. 이 둘 중에 하나를 선택하라"는 것이다. 이때 자살은 허용되지 않는다. 당신이 자살을 선택하면 가족들도 함께 죽게 된다. 실제로 "너에게 아들이 셋 있지? 그 셋 중에 누구를 죽일래?"라는 어처구니없는 질문을 던지기도 했다. 이런 상황에서 인간의 양심은 작동할 수 없다. 선을 행하는 것은 불가능해진다. 선과

첫 번째 단계는 인간의 법적 인격을 살해하는 것이다.
두 번째 단계는 인간의 도덕적 인격을 살해하는 것이다.
세 번째 단계는 개성을 파괴하는 것이다.

악의 구분이 흐려지는 이런 딜레마가 전개됨으로써 인간의 도덕적 인격은 파괴된다.

세 번째 단계는 개성을 파괴하는 것이다. 법적 인격과 도덕적 인격이 파괴된 후에도 여전히 남아 있는 마지막 보루가 자기의 내면 세계다. 스스로 외부와 단절해 내면으로 들어감으로써 인간은 스스로를 지킬 최소한의 보루만을 남겨놓게 된다. 그러나 총체적 지배는 그것조차 허용하지 않는다. 개성의 파괴는 신체적 파괴와 함께 이루어진다. 유대인은 완전히 발가벗겨진 채 서로 바짝 달라붙은 상태에서 열차를 타고 며칠에 걸쳐 수용소로 옮겨진다. 그렇게 며칠 동안 제대로 숨도 쉴 수 없을 만큼 짐짝처럼 다닥다닥 쑤셔 넣어진 상태로 있게 되면 개인으로서 지닐 수 있는 인격조차 철저히 파괴될 수밖에 없다. 그리고 그들이 도착한 수용소에서 이루어지는 신체에 대한 지속적이고 절대적이며 냉혹하고 체계적인 파괴는 결국 개인 내면세계의 파괴, 즉 개성의 파괴로 이어진다.

이런 파괴의 궁극적인 목적은 인간의 자발성을 파괴하는 것이었다. 무엇인가 새로운 마음으로 새로운 일을 실행할 수 있는 '탄생성'의 능력, 자유의 능력을 파괴하기 위한 것이었다. 총체적 지배는 무제한적인 권력을 얻기 위해 사용되었다. 총체적 지배는 탄생성과 자유의 능력이 존재하는 한 완전한 성공을 거둘 수 없다. 총체적 지배는 인간이 완전히 무용지물이 되는 시스템에서만 가능하다는 것이 전체주의의 역설이다.

아우슈비츠로 이송되는 유대인과
벨젠 강제수용소에서 최후를 맞은 유대인.
유대인은 제2차 세계대전 기간 홀로코스트를
겪으며 법적 인격 살해, 도덕적 인격 살해,
개성의 파괴를 겪었다.

이데올로기 안의 전체주의적 요소

전체주의의 두 축 가운데 하나인 이데올로기는, 단어 자체만 보면 '관념의 다발' '체계화된 지식'을 의미한다. 이데올로기를 이처럼 중립적으로 사용할 수도 있지만, 아렌트는 아주 비판적으로 사용한다. 이데올로기는 지식을 과학적 방식으로 체계화해놓지만 실은 사이비 과학에 불과하기 때문이다. 참된 과학은 이론이 현실에 부합하지 않으면 그 이론을 수정해갈 텐데, 전체주의의 이데올로기는 이론에 집착해 사실의 토대를 사라지게 한다는 특징이 있다. 이데올로기의 목적이 총체적 지배를 얻는 데 있기 때문이다.

이데올로기 안에 존재하는 전체주의적 요소는 이렇다. 첫째, 이데올로기는 현실을 총체적으로 설명할 수 있는 방식으로 형성된다. 이데올로기는 존재하는 현실 자체를 설명하는 데 머물지 않고, 생성되고 소멸하는 과정을 하나의 전체로 설명한다. 그래서 과거와 현재 그리고 미래에 대한 총체적인 예견을 제시하는 방식으로 구성된다. 둘째, 이데올로기는 경험에 따른 판단을 인정하지 않고 현실보다 이론을 우선시한다. 전체주의자의 의도가 이론 속에 담겨 있기 때문이다. 따라서 개인이 자신의 경험에 따라 내리는 판단보다 이론을 통해 구현할 현실이 더욱 참된 것임을 강조한다. 이런 이론의 정당성을 제공하는 것 또한 이데올로기의 역할이다. 셋째, 사실상 이데올로기에는 현실을 바꿀 힘이 없다. 다만 사람들의 생각을 한데 묶어놓는 역할을 하기 위해 이데올로기는 논리적인 방식으로 제시되며 이를 통해 사유를 현실에서 분리해낸다. 이데올로기는 논

아렌트는 이데올로기를 아주 비판적으로 사용한다.
이데올로기는 지식을 과학적 방식으로 체계화해놓지만
실은 사이비 과학에 불과하기 때문이다.

리성을 무기로 사람들을 이데올로기에 더욱 묶어놓는다.

논리적 거짓말과 비논리적 현실

현실에 어마어마한 폭력을 불러일으키는 이데올로기의 힘이 논리성에 근거한다는 점이 흥미롭다. 현실과 경험은 때때로 비논리적으로 보일 수 있다. 그래서 놀라운 현실에 부딪힐 때면 눈에 보이는 것을 믿고 싶지 않아 한다. 또한 진실보다 거짓말에 더 의존하고 싶을 때도 있다. 거짓말은 현실보다 더 논리적이고 더 설득력이 있으며, 더 믿고 싶게 하는 힘이 있기 때문이다. 현실은 우리의 이성이나 생각에서 나오지 않는다. 그러나 거짓말은 우리의 머릿속에서 이성적으로 계산되어 나오므로 현실보다 거짓말이 우리에게 더 이성적으로 보인다. 이데올로기는 이러한 논리성에 뿌리를 두고 있다.

따라서 현실이 논리적이고 이성적인 내 생각과 맞지 않을 때 우리는 현실의 소리에 귀를 기울여야 한다. 그렇지 않고 내 생각에 사로잡혀 현실을 무시할 때 문제가 발생한다. 이해할 수 없는 현실을 이해하기 위해 노력하고, 내 생각의 틀을 깰 때 우리는 독단에서 벗어날 수 있다. 이데올로기는 사람들을 집단적으로 독단에 빠지게 한다. 독단에 빠질 때 우리는 그 틀에 매여 현실을 보지 못하고 결국 파괴적 결과를 맞게 된다.

이데올로기가 현실보다 우선시될 때 무서운 결과가 발생할 수 있다. 예를 들어, 전체주의 국가에서 어떤 사람이 재판을 받는다고 하자. 그 사람은 사형당할 만한 일을 하지 않았다. 그런데도 그는 사형

이데올로기가 현실보다 우선시될 때
무서운 결과가 발생할 수 있다.

당해야만 하므로 논리적으로 사형 선고를 내려 그를 죽인다. 이데 올로기의 필요에 따라 없는 현실을 만들어내는 것이다. 잘못된 가 짜 뉴스fake news를 진짜 현실로 만들어버리는 일은 전체주의적 통치 행위에서 종종 발생했던 일이다. 이것이 이데올로기가 지배하는 시 대의 모습이고 전체주의의 현실이다.

우리는 이데올로기를 어떻게 거부할 수 있을까. 이데올로기를 이 기는 길은 이데올로기가 부정해 없애려 했던 것 속에 있다. 즉 자유 의 능력이 답이다. 자유의 능력이란 새로운 것을 시작할 수 있는 능 력, 즉 탄생성을 말한다. 자유의 능력은 우리 스스로 억압당할 수 없 는 특정한 개인이자 개체로서 존재하고자 할 때, 현실과 경험의 소 리를 듣고 반응하고자 할 때 가능할 것이다. 우리가 자유를 위해 노 력할 때 이데올로기의 허구적 힘에 저항하는 동력을 얻을 수 있다.

총체적 테러

국가가 이데올로기를 제공하고 이를 믿으라 한다고 해도 사람들 이 그대로 믿지는 않는다. 그래서 전체주의 국가는 이데올로기를 믿게 하기 위해 비밀경찰과 강제수용소 같은 장치를 만들어놓는다. 그런 장치의 목적은 테러다. 테러란 폭력적으로 적敵 또는 상대를 위협하거나 공포에 빠뜨리는 행위를 말한다. 심리적 공포심을 유발 하는 것이다. 전체주의 정부에서는 사회 전체를 향해 이 테러를 빈 틈없이 행사한다. 즉 총체적인 테러로 국민을 위협하는 것이다. 국 가가 누구에게나 나쁜 일을 저지를 수 있다는 두려운 환경을 상시적으로 만들어놓음으로써 이데올로기가 작동할 수 있는 터전을 형성한다.

법은 테러가 현실에서 작동하지 못하게 막는다. 우리는 실정법의 테두리 안에서 법의 보호를 받고, 국가도 실정법의 테두리 안에서 운영된다. 당연히 전체주의 국가에서는 이런 법과 제도가 전체주의 운동을 방해하는 요소가 될 수밖에 없다. 그래서 합법적인 것처럼 보이는 정부를 형식적으로 구성하고, 그와 동시에 법과 상관없이 작동하는 정부를 따로 만들어 권력이 자의적으로 작동할 수 있게 한다. 이처럼 합법적 정부와 적법한 권력 그리고 무법적인 정부와 자의적인 권력이 하나의 전체를 이루어 분리되지 않는 것이 전체주의 체제다.

총체적 테러는 개인의 비인간화를 촉진하고 개인 간에 자유롭게 형성하는 자유의 공간과 정치적 공간을 파괴한다. 또 개인이 스스로 어떤 생각을 하고 사람들과 그 생각을 나누며 행동하는 자발성을 압박해 이데올로기가 지시하는 대로 움직이는 터전을 만든다. 총체적 테러는 개인 간의 의사소통 채널을 철저히 차단한다. 그래서 개인의 복수성을 소멸시켜, 거대한 차원에서 보면 서로 다른 모습으로 살아야 하는 수많은 개인이 마치 한 사람인 것처럼 보이게 한다. 이렇게 전체주의 사회에서는 허구가 현실을 대체하고, 인간성은 말살된다. 이러한 사회에서 인간은 누구와도 대체될 수 있는 특징 없고 개성 없는 하나의 잉여적 존재가 된다.

전체주의 사회의 효율성

전체주의 사회는 총체적으로 지시하고 사회 전체가 단결해 모든 일을 아주 효율적이고 생산적으로 진행할 듯하다. 그러나 사실은 전혀 그렇지 않다.

전체주의 사회가 형성되고 그 체제가 유지되려면, 국가의 안정적 조직은 소멸되어야 한다. 큰 조직체에는 체제 유지를 위한 조직의 중간 단계들이 있는데, 전체주의 사회에서는 이 중간 단계들이 각자의 권위와 권한을 가지고 자율적으로 움직일 수도 없게 된다. 이처럼 중간 단계의 권위가 없어지면 조직의 효율성을 확보할 수 없게 된다. 조직의 각 단위가 나름대로 수행해야 할 전문적인 능력을 구현하지 못하고 책임감도 지니지 못하게 되기 때문이다.

개인의 경우도 마찬가지다. 개인의 자발성과 자유가 상실되면 주어진 상황에 창의적으로 대처할 수 없게 된다. 모든 것은 지도자의 의지에 달려 있고, 지도자의 뜻에 따라 모든 것이 이루어져야 할 뿐이다. 지도자가 자신의 의지를 결정하기 전까지 작업은 지연되고 판단은 유보된다. 그러니 생산성은 저하될 수밖에 없다.

이런 분위기가 관청과 이에 소속된 모든 사람, 나아가 사회 전체까지 확대되면, 경험과 책임에 따른 실질적인 판단능력은 소멸해버리고 모든 것은 (나쁜 의미의) 정치적 결정에 따라 좌우된다. 이런 사회에서는 효율성과 생산성을 결코 기대할 수 없다.

전체주의 사회는 총체적으로 지시하고 사회 전체가 단결해
모든 일을 아주 효율적이고 생산적으로 진행할 듯하다.
그러나 사실은 전혀 그렇지 않다.

우리 사회의 전체주의적 요소

한국 사회에는 비밀경찰도 없고 강제수용소도 없다. 그렇다면 전체주의적 테러가 우리 사회에는 정말로 존재하지 않는 것일까? 우리 사회에서 대중이 느끼는 외로움에 주목해보자. 그리고 오늘날 적지 않은 이가 '나는 잉여적 존재다'라고 느끼는 데 주목해보자. 최근 우리 사회에서는 '잉여'라는 단어가 부쩍 많이 언급된다. 전체주의 사회에서 대중은 스스로를 잉여적 존재라고 생각하는데, 우리 사회에서도 이런 모습이 나타나는 것은 왜일까.

현대 자본주의의 구조 안에서 개인은 실존적인 공포를 느낄 수밖에 없다. 경제적 가치가 인간을 포함한 모든 것의 가치를 저울질하는 척도가 되고, 물질적 생산성이 중요한 평가 기준이 되기 때문이다. 이때 개개인이 추구할 수 있는 가치의 다양성 그리고 그것의 기반이 되는 인간의 복수성은 억압되고 소외되고 무시당하게 된다.

이런 사회에서는 경제적 이익을 가져오는 정책이 다른 어떤 정책보다 우선하게 되고, 경제적 부를 약속하는 세력이 민주적 투표를 통해 지지받는 상황도 발생한다. 결국 이런 사회에서는 하나의 가치, 다시 말해 경제적 가치라는 단일 가치가 인간의 삶을 지배하는 전체주의적 힘을 갖게 된다. 이제 물질적 생산성은 이데올로기가 되고, 상대적인 수준의 빈곤만으로도 수용소에서 느낄 수 있는 공포를 맛보게 된다.

이런 와중에 다양성의 중요성을 망각한 지식인이나 정책 수립가가 오직 경제적 이익만을 향해 국가와 사회라는 기관차를 더욱 가

한국 사회에는 비밀경찰도 없고 강제수용소도 없다.
그렇다면 전체주의적 테러가
우리 사회에는 정말로 존재하지 않는 것일까?
우리는 우리를 잉여적 존재로 만드는 사회문화에 대해
개인으로서 또 시민으로서
제대로 저항하고 있는지 물어보아야 한다.

속하면, 그 속도를 따라가지 못하는 수많은 사람은 자기 자신을 잉여적 존재로 느끼게 된다. 경제 지상주의를 추종하는 사회는 무력한 개인을 자살, 인신매매, 권리 포기 등을 통한 노예적인 삶으로 내몬다. 이런 상황에서는 아렌트의 말처럼 전체주의적 해법, 전체주의적 방법이 대안으로 등장할 가능성이 있다. 예컨대 극우 파시즘이나 인종주의적 극단주의 같은 현상 말이다.

우리는 우리를 잉여적 존재로 만드는 이러한 사회문화에 대해 개인으로서 또 시민으로서 제대로 저항하고 있는지 물어보아야 한다. 전체주의 체제가 이데올로기를 통해 현실에서 우리를 향해 다가오는 사실의 힘을 차단한 것처럼, 경제 지상주의 사회도 인간을 오직 경제에만 몰두하게 함으로써 다양한 인간적 가치를 망각하고 현실을 돌아보지 못하게 한다. 전체주의 체제가 테러를 통해 자발성의 원천을 차단한 것처럼, 경제 지상주의도 상대적 빈곤감과 열패감으로 인간을 지배해, 인간이 개인의 자유와 더불어 살아가는 삶의 가치를 스스로 부정하고 물질적 가치에만 매달리도록 한다.

자발성, 나만의 개성, 인간의 복수성에 대한 인정 등이 더불어 살아가는 공동의 삶 속에서 자유를 가능하게 하는 원천이다. 특히 정치적 자유는 함께 살아가는 공동체 안에서 인간다운 삶을 살 수 있게 하는 본질적 요소다. 바로 정치적 자유가 전체주의와 가장 정면으로 맞서는 인간의 행위가 될 것이다.

더 읽고 더 생각하기

· 전체주의에 대한 아렌트의 논의는 한나 아렌트, 이진우 외 옮김, 『전체주의의 기원 1, 2』에 나온다.

· 번스타인은 『한나 아렌트와 유대인 문제』에서 『전체주의의 기원』의 초판본부터 시작해 여러 판본의 내용을 비교분석하는데, 그 책을 썼을 때 아렌트가 어디에 관심을 쏟았는지 잘 추적할 수 있다.

· 엘리자베스 영브루엘, 서유경 옮김, 『아렌트 읽기: 전체주의의 탐험가, 삶의 정치학을 말하다』(산책자, 2011)는 아렌트를 가까이에서 접한 영브루엘의 목소리로 아렌트의 주요 관심사가 무엇인지 말해준다.

8 공적인 것과 사적인 것

아렌트의 역사-이론적 방법

앞서 언급한 대로 아렌트는 『인간의 조건』에서 정치의 자율성을 입증하기 위해 인간학적 방법과 역사-이론적 방법을 사용했다. 이 가운데 역사-이론적 방법이란 정치와 관련된 주요 개념을 역사적 맥락에서 이해하는 방법을 말한다. 아렌트는 현실에서 이루어지고 있는 정치 현상 가운데 진정으로 정치적인 것과 그렇지 않은 것을 그 본성에 따라 구분하려고 했다. 특히 '사적인 것'과 '공적인 것'을 구분하고, 이 구분에 따라 '사회적인 것'과 '정치적인 것'을 개념적으로 구분한 것에 주목해야 한다.

'공적인 것'이란 공적 시선을 받아야 할 사안을 본질에 따라 구별한 것을 말한다. 이는 공적 영역을 먼저 설정하고, 거기서 다룰 내용을 임의로 선택해 구분하는 방법과는 다르다. 자유주의적 공사 구분이 근대정치의 맥락에서 공적 영역이 다루는 것과 사적 영역이 다루는 것을 차별화하고, 이를 각각 남성과 여성의 공간으로 구분했다면, 아렌트는 본질적 특성을 중심으로 공적인 것을 추려내고,

이를 다루는 영역을 공적 영역으로 구분한 것이다.

사적인 것이란, 공적 시선을 받을 필요가 없는 것들, 즉 인간이 생명을 유지하는 데 필요한 것, 생리적 필요에 부합하는 것을 말한다. 이는 아리스토텔레스가 『정치학』에서 말하는 오이코스에 해당하는 것들로, 동물로서 인간이 자신의 존재를 유지하기 위해 필요한 활동이라고 규정할 수 있다. 사적인 것에는 공적 시선이 필요 없는 것들뿐 아니라 그런 영역까지도 포함한다. 공적 시선이 쏟아지면 문제가 발생하는 사안들이 이 범주에 포함된다.

TV 프로그램 가운데 소위 '먹방'이라는, 음식을 만들고 먹는 것을 보여주는 프로그램이 있다. 이런 프로그램은 어디까지나 사적인 취미에 따라 만들어진 것이지, 모든 사람이 공적 시선을 기울여 반드시 살펴보아야 한다는 취지에서 만들어진 것은 아니다. 이와 달리 시사문제를 다루거나 시사토론을 진행하는 프로그램은 사람들의 공적 시선이 요구되는 것들이다. 각각의 프로그램은 사적 관심과 공적 관심을 받으며, 다루는 내용에서도 사적인 것과 공적인 것이라는 특징적 차이가 있다.

사회적인 것의 등장

고대 그리스의 가정에서 다룬 사적인 문제의 핵심은 경제였다. 물론 당시에 다룬 경제 개념은 오늘날의 경제 개념과는 다르다. 경제는 개인이 가정에서 다루는 문제로만 여기지 않으면서 초미의 공적 관심사가 되었다. 아렌트는 현대 경제 문제의 특징을 바로 이 맥락에서 짚는다. 즉 경제는 본래 사적 성격을 띠는 것인데, 이제는 더 이상 사적 영역에 머물러 있지 않고 공적 영역으로 나와 공적 관심을 획득했다는 것이다. 그렇다고 경제가 본래 지니고 있던 사적 특성이 변한 것도 아니다. 경제는 그 긴급성과 필연성을 그대로 지니고 있는데, 일단 공적 영역에 진입하면 공적 관심을 강력하게 빨아들이게 된다. 아렌트는 고대 그리스의 폴리스에서 경제를 다루지 않았던 이유가 바로 경제의 이런 힘 때문이었다고 보았다.

경제는 본래 사적인 특성이 있는 것인데 공적 영역에 들어와 공적 관심을 접하게 되었다. 이런 특성 때문에 경제는 '사회적인 것'이라고 불린다. 아렌트는 '사회적인 것의 등장'이라는 표현을 통해 경제가 공적 영역으로 들어와 변화하게 된 양상을 설명한다. 이는 중세를 거쳐 근대로 진입하면서 발생한 역사의 한 과정이었다.

공적 영역, 공적인 것

공적 영역은 고대 그리스의 폴리스처럼 정치행위가 이루어지는 장소를 말한다. 이는 모두의 관심을 받아야 하는 사안에 대해 각자가 자신의 복수성을 드러내던 장소였다. 폴리스에 참여하는 사람들의 행위는 모두 '무엇'에 관한 행위이면서도 동시에 자신의 개성을 드러내는 행위였다. 이런 일은 다른 사람이 보고 듣고 토론하는 가운데 진행되어야 한다. 혼자 깊이 고민해 정답을 제출하는 행위가 아니라, 서로의 의견을 교환하는 방식의 행위다. 공적 영역은 이러한 행위가 벌어지는 영역이다.

공적 영역은 정치행위가 이루어지는 장소를 말한다.
이런 일은 다른 사람이
보고 듣고 토론하는 가운데 진행되어야 한다.

아렌트는 공적 행위를 하는 사람, 즉 정치행위자를 무대에서 연기하는 배우에 비유한다. 관객이 있기 때문에 배우의 연기가 의미 있는 것처럼, 정치행위도 이를 봐주고 들어주는 사람이 있기 때문에 의미가 있다. 그러나 무엇보다도 중요한 것은 정치를 위해 공적 세계가 계속 존재해야만 한다는 것이다. 그래야만 정치행위가 존속할 수 있고, 이를 통해 공동의 삶을 유지할 수 있다. 공적인 것을 위한 공간적 구분이 필요했던 것은 사적 성격의 활동에 공적 영역을 파괴할 힘이 있었기 때문이다. 대부분 우리는 빵보다 자유가 더 중요하다고 말하지만 실제로 배가 고플 때는 자유보다도 빵의 문제가 더 시급할 수밖에 없다. 그래서 고대 그리스에서는 사적이고 경제적인 문제는 집 안에서 해결하고 공적 영역인 폴리스에서는 오직 공적인 문제만을 다룰 수 있도록 영역을 명확히 구분했다.

여기서 우리가 기억해야 할 것은 고대 그리스 사회에서 살았던 여러 부류의 사람 가운데 정치에 참여할 자격을 가진 사람은 오직 남성 자유인으로 제한되었다는 점이다. 이들만이 삶의 문제가 완전히 해결되어 자유롭게 공적인 영역에만 집중할 수 있다고 생각했기 때문이다. 이때 여성이 정치 영역에서 배제되었던 것은 분명히 고대 그리스 정치의 한계였다. 그런데도 우리가 고대 그리스에 주목한 아렌트의 생각을 소중히 여기는 것은 그가 공적 사안과 사적 사안의 본래적인 성격에 초점을 맞추고 이를 구분했기 때문이다. 아렌트는 이러한 생각을 오늘날에도 다시 살리고 싶었던 것이다.

아렌트가 사적인 것과 공적인 것을 임의적이고 자의적으로가 아

아렌트가 사적인 것과 공적인 것을
임의적이고 자의적으로가 아니라
사태의 본질에 비추어 구분해보려고 했던 점은
매우 큰 의미가 있다.

니라 사태의 본질에 비추어 구분해보려고 했던 점은 매우 큰 의미가 있다. 아렌트의 이러한 현상학적 접근이 현대사회에서 불투명하게 되어버린 정치적인 것의 모습을 명료하게 밝혀준다는 데서 빛을 내기 때문이다.

사회적인 것과 정치적인 것

사실 우리는 '사회적'이라는 말과 '정치적'이라는 말을 동의어처럼 쓸 때가 많다. 또 '사회적'이라는 말을 '사회에서 일어나는 일'처럼 아주 포괄적인 의미로 쓰는 경우도 많다. '정치적'이라는 말은 그리스어 폴리스와 연결된 것이고, '사회적'이란 말은 라틴어 소키에타스^{societas}와 연결된 것이다. 아리스토텔레스가 말한 '정치적 동물'을 라틴어 animal sociale로 옮기면서 두 개념이 연결되어버린 탓에, 두 단어를 같은 의미로 여기는 문제가 발생했다. 또 고대 그리스의 폴리스와 고대 로마 사회의 성격이 서로 달랐기에 여러모로 두 개념을 구분해서 다루는 데 많은 어려움이 있다.

학계에서는 '정치적'과 '사회적' 개념을 분명히 구분해 사용한다. 예를 들어, 정치철학과 사회철학은 같은 것이 아니다. 카를 마르크스^{Karl Marx, 1818~83}는 정치철학자이기보다는 사회철학자이고, 아렌트는 사회철학자가 아니라 정치철학자다. 사회적인 것이나 정치적인 것 모두 사회에서 일어나는 일과 연관되지만, 사회철학은 경제와 정치를 긴밀한 연관성 속에서 다루고 정치철학은 모든 것을 정치에 수렴해서 다룬다. 아렌트식으로 개념을 정리하면, '사회적인 것'이란 본래 사적 성격이 있는 것으로 공적 관심까지 점유하게 된 것을 가리키고, '정치적인 것'이란 본래 공적 성격이 있는 것으로 공적 영역에서 공적 관심을 받아야 마땅한 것을 가리킨다.

고대 그리스 사회에서 유지되었던 공적 영역과 사적 영역의 구분은 중세에 들어와서 깨지고 만다. 사회구조가 변했기 때문이다. 고대 그리스에서는 노예제가 존재했기 때문에 정치에 관심 있는 부유한 자유 시민이 구체적인 생산 활동과 거리를 두고 정치에 참여할수 있었다. 하지만 중세에 들어서면서 사회 전체가 봉건제 체제라는 하나의 거대한 경제적 체제로 짜이게 된다. 이때 분리된 각각의 영지에서 생산 활동의 구조가 형성되어 정치 구조를 대신했다. 이처럼 서양 중세 사회는 경제를 중심으로 형성되었던 것이다.

근대사회가 열리고 민주주의 정치가 등장하면서 정치가 다시 작동했는데, 이때 경제가 국가적 관심사가 되었다. 경제가 공적 관심의 중심으로 들어선 근대는 '사회적인 것의 등장'이 이루어진 시대였다. 사회적인 것의 등장은 정치적으로 중요한 문제를 초래했다. 시민계급이 등장하면서 민주주의의 기틀이 형성되었지만 공적 영역에서 공적인 일을 온전히 공적으로 다룰 수 없게 되었기 때문이다. 즉 '정치적인 것'이 위축되기 시작한 것이다.

경제는 개인의 재산 문제가 아니다. 이제 경제는 자본을 중심으로 돌아가는데, 자본은 재산과 부가 확장된 것으로, 그 본질은 사적인 것이다. 자본은 과정process의 성격을 띤다. 우리가 흔히 '돈은 돌고 돌아야 한다'라는 말이 과정의 성격을 잘 드러낸다. 과정의 성격을 유지하지 않는 자본은 조금씩 소비되다가 결국 소멸하게 된다. 그렇기 때문에 자본은 스스로를 유지하기 위해 끊임없이 돌면서 사회 구성원 모두의 관심을 지속적으로 받게 된다. 이것이 현대인이 경제에 몰두하게 되는 원인이다.

문제가 되는 지점은 이런 상황 속에서 정치가 경제를 중심으로 가동되어야 한다고 생각하게 되는 것이다. 그러다 경제를 위해 정치가 존재한다고까지 생각하게 되고, 결국 정치를 생산성이라는 척도에 따라 평가하게 된다. 공적 영역에서 사회적 사안에 대한 관심이 극대화되어 있을 때 우리는 정치를 단지 기능적으로만 파악하려고 한다. 이러한 순간에 우리는 때때로 정치를 필요악처럼 느낀다.

경제가 공적 영역을 지배할 때

경제가 지배하는 사회에서는 모든 사람이 돈 앞에서 평균화되는 상황이 발생한다. 인간의 다양한 모습과 이에 따른 다양한 가치가 존재하는데도, 오직 경제력이라는 단일한 기준에 따라서만 평가한다는 말이다. 이게 과연 인간다운 삶의 모습인가.

모든 인간이 평등하다는 것은 돈의 많고 적음과 무관하게 인격적으로 평등한 대우를 받아야 한다는 것을 의미한다. 이런 의미의 평등은 사회적 평등이 아니라 정치적 평등이다. 돈 앞에서의 평균화는 이러한 평등성을 해친다.

우리는 다양한 개인이 자신의 모습 그대로 존중받고 자유롭게 살 수 있는 여건을 향유할 수 있어야 한다고 믿는다. 인간의 복수성이

경제가 지배하는 사회에서는
모든 사람이 돈 앞에서 평균화되는 상황이 발생한다.

존중받는 환경 말이다. 그런데 돈 앞에서의 평균화는 마치 돈을 손에 쥔 독재적인 권력 앞에서 생존을 구걸하는 모습을 떠올리게 한다. 물론 돈 앞에서의 평균화도 긍정적인 측면이 있기는 하다. 혈통을 중시하는 귀족사회에서 돈 버는 능력을 중시하는 사회로, 이제는 다양성을 바탕으로 자기 모습을 인정받는 사회로 되었으니 말이다. 그러나 보상과 인정이 오직 돈이라는 단일 가치로만 평가된다는 것이 문제다. 인간의 다양한 가치가 모두 실종되기 때문이다.

이런 상황에 대해 아렌트는 '정치적인 것'의 회복을 요구한다. 이는 사회적인 것의 지배력이 인간 복수성을 억압하는 행위에 저항하고 정치적인 것이 요구하는 가치 다양성과 이를 인정하는 다중적 관점을 회복하는 것이다. 사회적인 것은 경제적 가치나 생산성 같은 단일한 척도로 모든 것을 평가하는 데 반해 정치적인 것은 복수성과 다양성의 가치를 중시하는 공동생활을 열어놓는다.

경제 문제를 정치적으로 다루기

사회구성원 간의 심각한 경제적 불균형을 다양성의 문제로 환원해 해결할 수는 없다. 이른바 분배적 정의의 문제를 어떻게 다룰 것인지에 대해 아렌트가 어떤 답을 제시하는지는 논쟁의 대상이다. 아렌트에게 비판적인 학자들은 그가 정의의 문제를 도외시한다고 주장한다. '사회적인 것'과 '정치적인 것'의 엄격한 구분이 경제가 초래하는 여러 문제를 외면하게 한다는 것이다. 그러나 나는 아렌트가 경제적 정의의 문제, 빈곤의 문제, 빈부격차 해소의 문제 등을

1960년대 초 아렌트가 웨슬리언 대학교에서
학생들을 가르치는 모습.
아렌트는 '정치적인 것'의 회복을 요구한다.
사회적인 것은 경제적 가치나 생산성 등
단일한 척도로 모든 것을 평가하지만
정치적인 것은 복수성과 다양성의 가치를
중시하기 때문이다.

다루는 좋은 방법을 제시하고 있다고 생각한다.

오늘날에는 '정의' 개념을 중심으로 사회 문제를 다루는 것이 유행이지만, 사실 이런 접근법은 그리 오래되지 않았다. 1970년 존 롤스John Rawls, 1921~2002가 『정의론』A Theory of Justice을 쓰고 나서야 미국을 중심으로 한 정치철학에서 정의 개념이 대세를 이루게 된 것이다. 그 이전의 사회철학이나 정치철학은 동일한 문제를 나름의 개념과 방식으로 다루어왔다. 아렌트도 '정치적인 것'의 회복이라는 큰 틀에서 동일한 문제를 해결하려 했다고 보아야 한다.

그런데 경제 문제를 정치적인 것의 회복을 통해 해결한다는 말은 오해를 불러일으킨다. 우리가 정치에 대한 잘못된 개념을 전제하고 있기 때문이다. 우리는 1997년 외환위기를 겪으면서 경제 문제를 제대로 다루지 못하는 정치인의 무능을 목격했다. 그뿐만 아니라 정치논리에 얽혀 경제 문제를 제때 제대로 해결하지 못하는 병폐도 많이 목격했다. 그렇다고 정치권에서 벌어지는 모든 논의를 경제적인 관점으로 풀거나 경제 관료에게 맡겨야 한다고 생각하는 것은 정치까지 경제에 일임해야 함을 의미하고, 이는 전혀 다른 문제를 불러일으킨다. 경제 중심의 획일화 과정에 모든 것을 맡겨 버리는 결과를 낳기 때문이다.

우리는 정치인들도 학습과 자문 등을 통해 경제에 대한 적절한 지식을 갖출 것을 요구해야 한다. 그러나 더 본질적으로는, 국가 내에서 경제가 작동하는 데 정치적 방식이 작용하고 있다는 점을 인지해야 한다. 예컨대 현재 한국 사회가 안고 있는 빈부격차의 문제는 경제가 낳은 문제이지만 경제를 통해서는 해결할 수 없다. 그 대신 정책과 제도를 통한 접근이 필요한데 이는 경제와는 다른 접근이다. 만약 어느 기업이 사내 복지를 증진한다면, 이는 경제논리가 아닌 다른 논리를 기업 경영에 도입한 것이다. 국가적 차원에서 빈부격차의 문제에 접근하려면 경제 논리 대신 인간적 가치라는 개념을 도입해야 한다. 이와 관련된 정책은 그 가치에 대해 부자나 가난한 자, 기업 경영자나 노동자가 모두 동의하고 합의할 수 있는 방식으로 꾸릴 수 있을 것이다. 이는 명백히 정치의 문제다.

최저임금 문제도 마찬가지다. 인간의 품위를 유지할 수 있는 최저 생계비가 얼마인가 하는 문제는 단지 물가를 계산해서 답을 도출할 수 있는 성격의 것이 아니다. 물론 어느 정도 계산을 해야 하지만, 무엇보다 '인간다움'이라는 가치에 대한 공통의 인식이 필요하다. 이는 경제와 정치가 얽혀 있는 문제로 경제가 본질인 것 같지만, 결국 정치적으로 접근해서 풀어야 할 문제다.

정치의 중심에는 인간의 복수성이 있다. 이는 가치의 다양성을 옹호한다. 사회적 관심 우위에 정치적 관심, 다시 말해 가치의 문제를 놓는다는 것은, 그 가치를 위해 함께 살아가고 그 공동의 삶을 위해 함께 노력하는 삶을 살아간다는 말이다. 인간은 아무리 가난하더라도 더 가난한 이웃을 위해 지갑을 연다. 궁핍하게 살면서도 학문과 예술에 관심을 기울이기도 한다. 이처럼 다양성 자체가 존중받는 사회를 구성하는 제도를 형성하는 것 그리고 경제 문제도 이와 같은 틀 속에서 풀 수 있도록 하는 것이 정치적인 것의 회복이

정치의 중심에는 인간의 복수성이 있다.
이는 가치의 다양성을 옹호한다.

라는 아렌트의 명제에 숨어 있는 취지다.

정치적인 것과 사회적인 것의 관계

'정치적인 것'은 인간의 복수성과 자유를 바라는 인간의 요구에 근거를 두고, 인간의 여러 활동 가운데 특히 '행위'와 관계한다. 즉 노동이나 작업 등 경제 문제와 구별되는 것이다. 또한 정치적인 것은 인간의 개성, 인간의 자발성과도 연관된다. 한마디로 정치적인 것은 인간이 한낱 동물로서가 아니라 인간적으로 살 수 있도록 하는 것이다.

정치적인 것과 사회적인 것은 개념적으로 명확히 구분되지만 현실에서는 서로 긴밀하게 결합해 혼란을 유발한다. 우리는 이 둘을 잘 구분할 수 있어야 한다.

핵 정책을 예로 들어보자. 핵을 다루는 영역은 과학적이고 전문적인 지식을 요구하지만 그와 동시에 대단히 정치적인 영역이기도 하다. 세계에는 인류를 수십 번이나 파멸시킬 수 있는 수의 핵무기가 존재한다. 핵폭탄이 터지거나 핵발전소가 폭발한다면 유출되는 방사능으로 입는 피해가 실로 엄청날 것이다. 핵발전과 전기료의 관계, 핵물질을 다루는 방법 등은 과학적이고 전문적으로 따져 답을 구할 수 있을 것이다. 그러나 핵의 위험성과 그것이 주는 이익 가운데 무엇을 선택할 것인지는 핵전문가가 아니라 국민이 따지고 고민해야 할 정치적인 문제다.

핵발전을 이용할지에 대한 판단뿐만 아니라 핵발전소는 어디에

지난 2011년 지진으로 크게 부서진
후쿠시마 제1원전.
핵을 다루는 영역은 과학적이고
전문적인 지식이 필요하지만
대단히 정치적인 영역이기도 하다.

건설할 것인지, 핵폐기물은 어떻게 처리할 것인지, 핵무기도 만들 것인지, 정반대로 한반도를 핵에서 완전히 자유로운 지역으로 설정할 것인지 등의 문제는 본질적으로 해당 지역 주민이나 전체 국민이 토론과 대화숙의와 합의를 통해 결정해야 할 정치적 문제이지 핵 전문가가 단독으로 결정할 문제는 아니다. 그런데 이때 필요한 정보를 얻기 위해서는 전문적이고 과학적인 지식이 반드시 필요하다. 따라서 전문가는 외부 세력이나 자신의 이해관계에 휘둘리지 않고 객관적으로 따져 답을 내리는 게 중요하다. 전문성에 근거를 둔 정확한 지식이 바탕을 이루어야 올바른 정치적 판단을 내릴 수 있다. 이처럼 전문지식과 관련된 사회적인 차원과 모든 사람이 고민하고 참여해야 하는 정치적인 차원은 한데 어우러져 있으며 그러면서도 서로 각자의 기능이 있다. 우리는 이 둘을 모두 잘 감당할 능력을 갖추어야 한다.

다른 사례를 하나 더 들어보자. 사시사철 흐르는 강 때문에 둘로 나뉜 어느 마을에서 다리를 놓기로 했다. 어디에 다리를 둘 것인지는 마을 사람들이 함께 판단할 문제다. 만일 자신의 이익만 생각한다면 큰 다툼이 발생할 것이고, 마을 전체의 이익을 고려해 대화를 나누며 함께 판단한다면 합의점을 도출할 수 있을 것이다. 이는 정치의 문제이며, 사적 이해관계를 중심으로는 해결할 수 없다. 그런데 일단 다리의 위치를 정했다면 어떤 재질과 형태의 다리를 놓을지는 전문성을 바탕으로 판단해야 하는 문제다. 이 예는 칸트가 들었던 것으로 그의 용어를 빌리자면, 전자는 '이성의 공적 사용'이,

후자는 '이성의 사적 사용'이 필요한 상황이다. 아렌트는 전자를 정치적 문제로, 후자를 사회적 문제로 불렀다.

정치의 목적

정치적인 것이 이렇다면 정치의 목적은 무엇이냐고 질문할 수 있다. 정치는 인간의 복수성을 기반으로 두지만, 특정한 목적을 위해 복무하지는 않는다. 따라서 정치의 목적을 묻는 물음은 정치가 무엇의 수단인지를 묻는 물음이다. 우리는 정치의 목적이 무엇인지 특정할 수 없다. 하지만 정치가 자기 목적성이 있다고 말할 수는 있다. 즉 정치 영역이 무너지거나 중단되지 않고 지속적으로 잘 유지되도록 하는 것이 정치의 목적이라는 말이다.

한편 우리는 시민의 좋은 삶 또는 시민의 복지를 이루는 것이 정치의 목적이 아닌가 하는 의문을 품을 수 있다. 그러나 그렇게 목적을 설정해도 사회적인 문제가 결부될 수밖에 없고 결국 정치의 수단화는 불가피해진다. 아렌트가 정치를 수단으로 여기지 않고 정치의 자기 목적성을 중시했던 것은, 정치를 그렇게 이해해야만 공적 문제를 제대로 다룰 수 있으리라고 믿었기 때문이다.

정치는 정치의 특성을 그 자체로 잘 유지하는 것이 중요하다. 공적 영역 또는 정치적 장이 사회적인 것에 매몰되지 않고 스스로를 계속 유지하도록 애써야 한다. 정치의 핵심은 정치공간을 여는 것과 이 정치공간이 없어지지 않도록 지속적으로 노력하는 데 있다.

2017년 마무리된 촛불집회가 소중했던 까닭은 그것이 한국 정치

2017년 마무리된 촛불집회가 소중했던 까닭은
그것이 한국 정치에서 소멸되었던
정치공간을 회복시켰기 때문이다.

에서 소멸되었던 정치공간을 회복시켰기 때문이다. 여기에 촛불집회의 위대성이 있고, 그 점이 촛불집회를 태극기집회와 구별 짓는 근거다. 촛불집회는 복수성을 바탕으로 한 인간의 공동생활을 유지하는 것과 복수성이 드러날 수 있는 정치공간을 지속시키는 것에 이바지했다. 또 이러한 정치공간이 소멸되거나 억압받는 현상에 저항하고 맞섰다. 시민은 정치의 어느 차원에서든 정치공간이 발생하고 작용할 수 있도록 정치적 노력을 기울여야 한다.

더 읽고 더 생각하기

· 제7장에서 논의한 개념 분석은 『인간의 조건』 제2장에 나온다.
· 다만 이 장에 담긴 내용의 방향성은 아렌트 유고집인 한나 아렌트, 로널드 베이너 엮음, 김선욱 옮김, 『칸트 정치철학 강의』(푸른숲, 2002)에 근거를 두었다.

철인왕 콤플렉스

정치철학을 공부하기 시작하는 사람 가운데는 수많은 정치 문제를 일거에 해결할 수 있는 진리를 발견하는 것을 목표로 하는 경우도 있다. 이런 진리를 발견하기만 하면, 어지러운 현실을 곧바로 정리할 수 있고, 현실을 완전히 바꿔놓을 수 있을 것이라고 믿는다. 이런 생각은 철학이 주는 환상일 뿐, 정치는 그렇게 해결될 수 없다는 게 아렌트의 생각이다. 아렌트는 '정치철학'이라는 개념 자체를 '둥근 사각형' 같은 형용모순이라고 비판했다. 그래서 자신을 정치철학자로 불리는 것도 거부했다.

정치에 진리를 적용하겠다는 생각은 플라톤의 『국가』^{Politeia}에 나오는 철인왕 이념에 뿌리를 둔다. 여기서 철인은 지혜로운 사람을 말하는데, 진리의 원형인 이데아의 세계를 인식한 자다. 이데아란 진리의 원형을 말하는데, 철학자는 그 이데아를 인식하기 위해 노력하는 자로서, 곧 지혜를 얻은 사람이 철인이다. 철인은 국가에 대한 진리를 안다. 물론 현실에서는 완벽한 진리를 아는 사람은 없다고 할 수 있으나, 스스로 진리를 안다고 믿는 사람은 적지 않다.

아렌트는 플라톤이 중요한 점 한 가지를 간과했다고 비판한다. 바로 정치의 본질이 무엇인지에 대한 고려다. 인간의 복수성에 기반을 둔 정치는 진리 실현의 장이 아니라 다양한 의견의 각축장이다. 그런데 플라톤이 말한 철인왕의 국가에서는 정치의 이러한 모습이 실종되고, 여러 일을 안정적으로 꾸려가는 행정만 존재한다.

아렌트가 보기에 플라톤이 이러한 형태의 국가를 추구한 데는 스승인 소크라테스의 불행한 죽음이 원인이 되었다. 소크라테스는 평생 진리를 탐구하는 철학자의 삶을 살았다. 그런 그를 아테네 시민이 모함해 죽음에 이르게 했다. 그래서 플라톤이 마치 정신이 육체를 지배하듯, 철인이 생산자와 상인과 군인을 지배하는 통치 모형을 수립했다는 게 아렌트의 해석이다. 현실에서는 소크라테스 같은 철학자가 시민과 대립했지만, 플라톤의 국가에서는 철학자가 시민을 지배한다. 물론 내용적으로는 국가 내에 진리를 실현하는 행위로서의 정치를 그린 것이지만 말이다.

현실정치에 진리를 적용해 문제를 해결할 수 있다는 믿음을 '진리의 정치'라고 한다. 그리고 철인왕이 되어 정치의 모든 문제를 일거에 해결할 수 있다는 사고방식을 나는 '철인왕 콤플렉스'라고 한다. 진리는 철학자의 고독한 숙고와 깊은 관조에서 나온다. 하지만 철인왕 콤플렉스는 인간의 복수성과 소통의 중요성을 고려하지 않는다.

'진리의 정치'란 현실정치에 진리를 적용해
문제를 해결할 수 있다는 믿음에서 비롯된다.
'의견의 정치'란 여러 의견 간의 각축을 통해 모두가 동의할
어떤 것을 찾아가는 과정으로 정치를 이해한다.

의견의 정치

플라톤이 제안한 진리의 정치에 대립하는 개념이 '의견의 정치'다. 플라톤의 스승 소크라테스가 취한 관점이다. 플라톤의 초기 대화편에 등장하는 소크라테스는 사람들의 의견을 존중했다. 의견이란 자신이 처한 삶의 환경과 고유한 처지를 따라 형성된 것이다. 소크라테스는 사람들이 각자의 의견에서 논리적인 방법을 통해 스스로 인정하고 동의할 수 있는 바를 발견할 수 있도록 했다. 이런 방법을 '산파술'이라고 불렀다. 출산을 돕는 행위를 진리 발견에 비유한 것이다. 출산을 통해 낳은 아이는 누구의 아이인가. 그 아이는 모두의 아이가 아니라 출산한 사람의 아이다. 모든 사람은 그 아이가 출산한 사람의 아이라는 사실을 인정해준다. 이처럼 산파술을 통해 발견한 진리도 그것을 발견한 사람의 것이면서 동시에 모두가 인정할 수 있는 깨달음이다. 비록 절대적 진리는 아니지만, 상대적이거나 헛된 생각에 불과하다고는 할 수 없다.

의견이란 개인이 깨달은 그래서 모두에게 인정받을 가능성이 있는 생각이다. 정치란 이런 의견 간의 각축을 통해 모두가 동의할 어떤 것을 찾아가는 과정이라고 보는 것이 바로 '의견의 정치'다.

의견은 주관과 깊이 관련되어 있지만 단순히 주관적인 것에만 머물지 않고 보편타당한 것이다. 물론 의견이 주관적인 환상이나 착각 또는 제멋대로의 억측에 불과할 수도 있다. 다양하고 수많은 의견 가운데 옥석을 가려내는 것이 대화와 토론이다. 대화와 토론의 목적은 의견 가운데 보편적으로 인정받을 수 있는 것을 찾는 것이

플라톤 흉상.
플라톤은 철인왕으로 대변되는
'진리의 정치'를 주장했지만
아렌트는 '의견의 정치'를 주장했다.
의견의 정치란 여러 의견 간의 각축을 통해
모두가 동의할 어떤 것을 찾아가는 과정이다.

다. 의견은 인정을 얻기 위해 설득이 필요하다. 설득이 대화를 진행하는 방법이다. 의견의 목표는 진리를 발견하는 것이 아니다.

진리주장의 폭력성

아렌트는 다양성을 존중해야 하는 정치의 장에서 자신의 생각만이 진리라고 주장할 때 폭력이 발생한다고 지적한다. 이 폭력은 언어를 통한 대화를 중지시키고, 소통을 지배로 대체함으로써 발생한다. 플라톤은 철인이 국가를 다스리는 일은 정신이 육체에 대해 하는 일과 같다고 했다. 우리는 길들지 않은 육체를 정신적 노력을 통해 길들인다. 철인왕은 진리의 이름으로 국민을 길들이려고 노력한다. 현실에서 이런 노력은 폭력으로 나타날 개연성이 높다.

진리의 정치가 작용하면, 통치자와 시민 사이에 지배자와 피지배자의 관계가 형성되며 수직적인 위계질서가 발생한다. 이때 시민은 자율적 정치행위자로서의 자격을 갖추지 못하고, 자유와 평등은 근거를 얻지 못한다. 플라톤은 모든 사람이 동일한 자질을 갖추고 있다고 생각하지 않았다. 따라서 민주주의를 시민에게 제공하기를 원치 않았다. 그러나 오늘날 민주사회는 시민에게 평등한 정치적 권리를 보장해야 한다고 주장한다.

민주 시민의 덕성 훈련

민주주의 사회의 시민은 시민으로서의 덕을 갖추어야 한다. 덕을 갖춘 시민의 모습, 즉 시민성은 저절로 만들어지는 것이 아니다. 우

아렌트는 다양성을 존중해야 하는 정치의 장에서
자신의 생각만이 진리라고 주장할 때
폭력이 발생한다고 지적한다.

리는 개인적 욕망을 추구하고 각자의 이익을 위해 경제활동을 하지만, 이를 스스로 자제하고 전체를 생각해야 할 때가 있다. 시민으로서의 덕을 갖추기 위해서는 훈련도 필요하다. 이런 훈련은 철인왕이 지배할 때의 훈육과는 다르다. 양자의 차이는 자율과 지배에 있다. 철인왕의 역할을 하는 정치가는 국가에 무엇이 유익한지에 대해서만 생각할 뿐 대화를 통해 시민과 함께 국가를 만들어가려 하지 않는다. 그에게 시민은 무지한 존재이며 계도의 대상일 뿐이다.

우리가 추구하는 시민성은 시민적 자유를 기초로 삼고, 자유의 방식으로 형성되어야 한다. 원래 인간에게는 이성이 있고, 그 이성은 사실과 다른 것을 생각할 수 있는 특성이 있어서, 현실을 있는 그대로만 받아들이는 것이 아니라 개선도 꿈꿀 수 있다. 철학자는 더 뛰어나게 이런 사유를 할 수 있다. 그러나 모든 이는 각각 자신의 처지에서 더 나은 세계를 꿈꾸고 생각하며, 그 내용은 다양하기 때문에, 현명한 철인 한 사람보다 덕을 갖춘 다수의 시민이 민주주의가 작동하는 더 나은 사회를 만들 수 있다.

정치의 시끄러움

정치의 영역에서는 자신의 주장을 진리로 제시하지 않아야 하지만, 독재 시대에는 민주 투사들에게 '진리'라는 말이 중요한 역할을 했다. 자유와 인권을 쟁취하기 위한 투쟁에서 투사들은 '인류의 보편적 진리'를 내걸고 싸웠다. 자유와 인권이 실현되어야 한다는 것은 절대적 진리다.

독재국가에서 자유와 인권을 위해 투쟁할 때 독재자와 대화하고 토론하는 것은 현실적으로 불가능하다. 반드시 그래야만 하는 것도 아니다. 물론 우리나라의 경우에도 자유와 인권은 진리의 이름으로 추구되었는데, 이때 '진리'를 올바른 길이라는 일종의 수사레토릭로 사용했다. 대화가 불가능한 상황에서 대화를 마치 '진리'인 양 절대적으로 요구하는 것은 오히려 폭력이다.

진리의 정치는 아무리 아름다운 목표가 있다 해도, 정치를 구성하는 가장 근본적인 요소인 인간의 자유와 자율 그리고 인간의 복수성을 무시하기 때문에, 제대로 작동할 수 없다. 자유와 인권은 그 개념조차 간단치 않고, 심지어 그 내용은 여러 얼굴을 할 수도 있다. 아무리 좋은 것도 독단적으로 규정한 개념을 강압적인 방식으로 남에게 부여한다면, 그것은 오히려 문제를 불러일으킨다.

진리의 정치가 작동하는 곳에는 침묵이 강요된다. 반면 의견의 정치가 작동하는 곳에는 말이 넘쳐난다. 의견은 말로 표현되고, 그 말들이 서로 충돌하고 경합하기 때문이다. 그래서 의견의 정치는 시끄러울 수밖에 없다. 민주주의 정치는 시끄러운 정치다. 국가가 시끄럽지 않고 질서 있게 조용히 운영되는 것은 시민이 원하는 것이라기보다 관리자의 바람일 뿐이다. 다양성을 존중하기 때문에 나타나는 시끄러운 모습이 진리가 가져다주는 적막보다 낫다. 그것이 인간다운 삶을 가능하게 하는 길이다.

진리의 정치가 작동하는 곳에는 침묵이 강요된다.
반면 의견의 정치가 작동하는 곳에는 말이 넘쳐난다.

더 읽고 더 생각하기

· 제8장의 내용은 『정치의 약속』 첫머리에 수록된 「소크라테스」의 논의가 중심을 이룬다. 이 내용을 시민의 정치와 연결한 것은 『칸트 정치철학 강의』의 관점을 따른 것이다.

· '철인왕 콤플렉스'에 대해서는 김선욱, 『행복의 철학: 공적 행복을 찾아서』의 제6장에서 다룬 바 있다.

현실정치와 도덕성

우리가 현실정치에 실망하는 이유는 많다. 선거 관련 부정행위, 정치권력의 비리, 정경유착, 검찰과 정권의 결탁, 검찰을 이용한 모함적 기소, 계파 간 갈등, 지역감정을 이용한 정치적 이익 추구, 해결책이 뻔히 보이는 문제를 해결하지 못하는 정치권의 무능 그리고 무능의 원인으로 의심되는 부정부패나 권력형 비리, 날로 심해지는 빈부격차와 청년실업 문제에 제대로 대응하지 못하는 무능함 등. 이런 일을 대할 때마다 우리는 정치가 도덕적이라면, 정치가가 도덕적인 사람이라면 뭔가 달라지지 않겠느냐고 생각하게 된다. 결국 우리는 "정치가 도덕적이어야 한다"라는 말을 "정치를 잘해야 한다"의 다른 표현 정도로 여기는 것이 아닐까.

정치와 도덕은 별개의 영역이고, 도덕으로 정치를 제어하지 못한다는 생각이 여전히 널리 퍼져 있다. 마키아벨리는 도덕을 충실히 따르는 것은 정치가가 따를 수 없는 사치라고 지적하며 정치가는 무자비하게 행동할 수 있어야 한다고 충고했다. 정치행위는 종교나

윤리와는 다른 원칙으로 규율되고 정치영역은 도덕의 하위영역이
아니라 그와는 별개의 독자성과 자율성이 있음을 천명한 것이다.

그런데도 우리는 정치가 어떤 방식으로든 '도덕적'이라고 불리는
것과 연관될 수밖에 없다고 느낀다. 정치가 타인과 더불어 사는 삶
의 원리와 관련되고, 도덕도 더불어 사는 삶의 문제를 다루기 때문
이다. 그렇다면 정치의 내면에 우리가 도덕적이라고 여길 만한 공
동의 삶을 가능하게 하는 장치가 있는 것은 아닐까.

빌리 버드 이야기

먼저 정치와 도덕의 영역 차이를 이해해보자. 미국의 소설가 허먼
멜빌Herman Melville, 1819~91의 『빌리 버드』Billy Budd는 바로 이 차이를 보
여주는 흥미로운 소설이다. 아렌트는 멜빌이 이 소설에서 선과 악의
문제 그리고 도덕과 정치영역의 문제를 다룬다고 해석한다.

소설의 배경은 18세기 말경 대서양에서 작전을 수행한 전함 벨리
포텐트호다. 빌리는 원래 상선에서 일했으나 강제 징집을 당해 벨
리포텐트호에 오른다. 빌리는 징집관인 갑판장교가 우연히 그를 보
고는 한눈에 징집을 결정할 만큼 멋진 청년이었다. 빌리가 있던 상
선의 선장과 선원들도 빌리를 좋아했다. 비록 출생이 불분명했지만
빌리에게는 고귀한 혈통의 징후가 뚜렷이 나타났다. 소설 내내 그
는 순수한 정직의 미덕을 갖추고 가식적인 행위를 하지 않는 맑은
모습의 청년으로 묘사된다.

벨리포텐트호를 이끄는 해군대령 비어 함장은 마흔 살 남짓 된

독신으로 당시 여러 실력자 중에서도 명성이 자자했다. 그는 귀족과 연줄이 닿아 있는데도 오직 실력만으로 그 자리까지 오른 인물이었다. 실전경험이 풍부했고 업무지식에 통달했으며, 언제나 부하들의 복지를 신경 썼지만 규율위반에 대해서는 단호했다. 또한 결코 무분별하지 않았으며 때로는 지나칠 정도로 용감무쌍했다. 그는 귀족적인 덕을 갖췄고, 철학, 역사, 전기, 수상록 등을 읽으며 지성을 키웠다.

소설 속 악의 표상은 선임위병 하사관 클래가트다. 그는 백병전 교관이었으나 총포의 발달로 백병전이 쓸모없어지자 번잡한 하층 교열갑판에서 질서유지 임무를 맡고 있었다. 그의 신중한 태도는 이성적으로 보이지만, 사실 그는 폭력적이고, 극악무도할 정도로 방자하며, 자신이 원하는 목적을 달성하기 위해 잔머리를 굴리는 인물이었다. 이처럼 악한 정신작용은 합리적 사고와 더불어 은밀하게 진행되므로 그는 가장 위험한 부류의 사람이다.

사건은 클래가트가 빌리의 인간적 아름다움을 질투하면서 시작됐다. 무엇이 선인지 알고 있지만 스스로 선해질 능력이 없는 클래가트는 빌리를 해치기로 마음먹고 주시하다가 음모의 올가미를 씌우려 했다. 반란의 조짐이 보이는데 그 주동자가 빌리라고 함장에게 거짓으로 고발한 것이다. 직관적으로 이를 믿을 수 없었던 함장은 빌리를 불러 그 앞에서 클래가트에게 같은 말을 하게 하고 두 사람의 눈빛을 살폈다. 클래가트의 눈빛이 혼탁해지는 것을 본 함장은 곧바로 사태를 파악했다. 그런데 자신을 모함하는 말을 듣던 빌

악한 정신작용은 합리적 사고와 더불어
은밀하게 진행된다.

리가 그만 클래가트의 이마를 주먹으로 세게 때리고 말았다. 평소 자신을 좋아한다고 믿었던 클레가트에게 엄청난 배신감을 느껴 순간적으로 분노를 참지 못한 것이다. 클래가트는 그 한 방에 급소를 맞고 쓰러져 죽었다.

함장은 이 급작스러운 사태를 해결하기 위해 고위 장교들을 불러 모아 재판을 열었다. 자초지종을 듣고 상황을 파악한 장교들은 클레가트의 죽음이 하늘의 심판이었다면서도, 그를 심판한 '천사'에게 처벌을 내려야 한다고 말했다. 빌리의 행위는 악에 대한 즉각적이고 명백한 응징이지만, 군법상 가장 죄질이 나쁜 행위이기도 한 것이었다. 상관을 죽이는 행위는 교수형에 해당했고, 가뜩이나 상황이 민감하던 때였기에 이 사건은 신속히 처리되었다.

빌리는 결국 교수형에 처해졌다. 함장은 이 사건의 한 축인 빌리의 순결성과 행위의 '의도'는 실효가 없다고 판단했다. 천성이 선하다는 점, 억울하게 모함받은 점, 죽일 의도가 없었다는 점보다는 실제 행위와 그 결과에 주목해야 한다고 주장한 것이다. 군법회의에서는 빌리가 클레가트를 죽였고, 그 행위 외에 책임을 물을 다른 조건이 전혀 존재하지 않음에만 주목할 것을, 즉 현상에만 주목할 것을 요구한다. 소설은 빌리의 교수형 순간을 마치 예수의 십자가 처형과 흡사하게 묘사하며 그가 선의 표상임을 암시하지만, 그에 대한 사형 판결은 그 자체로 정당하다는 관점도 유지한다.

개인의 도덕과 사회의 덕

아렌트는 『혁명론』에서 『빌리 버드』를 선과 악이 맞부딪히는 도덕적 차원과 정치적 차원의 차이를 보여주는 소설로 해석한다. 본성적 악을 제거하는 유일하고 적절한 행위가 클레가트를 때려죽이는 행위뿐이라 하더라도, 그 일을 행한 빌리는 현실 세계에서 악행자가 된다. 빌리의 선함을 여전히 인정하더라도 말이다. 아렌트는 이러한 인간사에서 우선해야 할 것으로 덕^{virtue}을 꼽는다. 사회의 덕은 악행만이 아니라, 절대적인 순결을 바탕으로 가해지는 폭력까지 처벌한다. '덕'이란 사회를 건전하게 유지하기 위해 필요한 특정한 유형의 태도를 말한다. 절대선으로도 인간사의 덕이 무너져서는 안 된다. 덕 때문에 인간사가 작동하는 세계가 유지되기 때문이다.

『빌리 버드』가 우리에게 주는 메시지는 법이 천사^{선}를 위해서가 아니라 인간^{구체적인} 삶을 위해 만들어졌다는 점, 법은 절대순결이 가하는 충격으로도 무너질 수 있다는 점, 법은 범죄와 덕 사이에 존재하는 것으로 범죄와 덕 밖의 것에 대해서는 인지하지 않는다는 점, 법에는 절대악에 부과할 처벌 수단이 없다는 점, 절대선이라도 덕을 파괴하면 처벌받아야 한다는 점 등이라고 아렌트는 설명한다. 선악의 문제가 인간사에서 가장 근원적이고 기초적인 것처럼 보이지만, 실은 법의 세계, 인간사의 영역, 곧 정치의 세계가 인위적 영역으로서 우리의 실제 삶을 지배하고 있다는 것이다. 도덕의 세계와 정치의 세계는 이처럼 서로 다른 차원에 속한다.

아렌트는 인간사에서 우선해야 할 것으로 덕을 꼽는다.

영화 「빌리 버드」(1962)의
빌리(왼쪽)와 클래가트.
아렌트는 이 작품이
선과 악이 맞부딪히는
도덕적 차원과 정치적 차원의
차이를 보여준다고 해석한다.

도덕의 길

우리가 살아가면서 의존하는 도덕원리는 절대적인 것과 상대적인 것 사이의 어느 지점에 존재한다. 절대적 도덕규칙이 우리 앞에 놓여 있다고 해도 인간이 절대적 존재가 아닌 다음에야 그 절대성을 감당할 방법이 없다. 인간은 항상 특정한 상황 가운데 놓여 있기 때문인데, 이는 절대성을 현실 속에서 해석해내야 하는 해석학적 상황을 의미한다. 절대주의의 반대편에 놓인 회의주의도 우리의 현실적 삶을 놓을 지반은 아니다. 모든 것을 회의적 상태로 만들어놓아서는 삶 자체가 불가능하게 된다. 상대주의적 원리도 어느 정도 안정된 지반 위에서 제한적으로 활용하는 정도로만 활용해야 삶 속에서 기능할 수 있다.

도덕이 절대적이어야 한다는 생각은 착각일 뿐이다. 우리는 시공의 제약을 받고 있기에 절대를 중심으로 살 수 없다. 다른 한편으로 '인간은 먹어야만 살 수 있다' 같은 어떤 불변적 조건의 제약도 받고 있기에 완전히 상대적일 수도 없다. 이처럼 절대적이지도 않고 전적으로 상대적이지도 않은 삶을 살아가는 우리에게, 윤리학적 관점에서 볼 때, 현실에 발을 딛고 살아갈 정도의 안정된 도덕과 윤리는 상당히 제공되어 있다고 할 수 있다. 물론 모든 도덕 규칙이 완결된 것은 아니며 일부는 해석과 결단에 열린 형태로 존재하긴 하지만 말이다.

루이스 포이만[Louis Pojman, 1935~2005]은 『윤리학: 옳고 그름의 발견』[Ethics: Discovering Right and Wrong]에서 도덕의 특징을 몇 가지로 요약한

> 도덕이 절대적이어야 한다는 생각은 착각일 뿐이다.
> 우리는 시공의 제약을 받고 있기에
> 절대를 중심으로 살 수 없다.

다. 그것은 인간의 삶을 직접적으로 규제하거나 처방한다는 특징 prescriptivity, 규정을 보편화할 수 있다는 가능성universalizability, 다른 무엇보다 우선한다는 특징overridingness, 사적이지 않고 공적이라는 특징 publicity, 실천 가능하다는 특징practicability 등이다. 이런 특징들은 정치적 판단의 특징과 여러 점에서 비슷한데, 이러한 공통점이 정치가 도덕의 문제를 해결해줄 것이라 믿게 한다. 정치와 도덕이 다른 차원에 속하기 때문에 어느 하나를 통해 다른 하나를 해결할 수는 없지만 비슷한 효과를 낳도록 시민적 차원에서 조정할 수는 있을 것이다.

정치공간과 도덕 지향성

정치와 도덕은 모두 인간적인 현상이다. 동물은 갈등을 물리적 폭력으로 해결하지만, 인간은 도덕이나 정치적 방식으로 해결한다. 정치와 도덕은 모두 갈등을 전제로 하지만, 정치의 방법은 도덕의 방법과는 달리 각자의 처지와 가치관을 존중하면서 말을 통해 갈등을 조정해가는 방식이다.

정치는 복수의 개인을 전제로 다양성을 인정하는 가운데 정치공간에 제안된 여러 의견을 같이 논의하고 함께 약속한 방식으로 문제에 접근한다. 이런 방법이 유지되는 한 정치는 공동의 문제를 좋은 방식으로 해결해갈 수 있고, 도덕이 추구하는 사회적 결과도 얻어낼 수 있다. 이렇게 보면 정치에는 도덕 지향성이 내재되어 있다고도 말할 수 있다. 아리스토텔레스도 『정치학』에서 이 점을 명확히

정치와 도덕은 모두 갈등을 전제로 하지만, 정치의 방법은
도덕의 방법과는 달리
각자의 처지와 가치관을 존중하면서
말을 통해 갈등을 조정해가는 방식이다.

영역 다툼을 하는 호랑이들과
회기 중의 영국 의회.
동물은 갈등을 물리적 폭력으로 해결하지만,
인간은 도덕이나 정치적 방식으로 해결한다.

서술한다.

아리스토텔레스는 인간이 자신의 생존을 도모하기 위해 동물적 삶을 추구할 수밖에 없다는 점을 인정한다. 그러나 로고스^{logos}를 통해 인간은 단순한 생존^{zēn}을 넘어 '훌륭한 삶'$^{eu\ zēn}$을 추구한다. 언어^{logos}를 사용해 무엇이 유익하고 무엇이 해로운지, 무엇이 옳고 무엇이 그른지 밝힐 수 있기 때문이다. 사람들은 폴리스 속에서 언어를 활용해 다른 사람들과 선과 악, 옳고 그름 등의 인식을 공유하고 그것을 자신의 삶 속에서 구현한다.

아리스토텔레스는 인간이 폴리스의 법^{nomos}과 정의^{dike}에서 이탈했을 때는 동물과 다를 바 없다고 말한다. 나아가 로고스를 나쁘게 활용할 경우 인간은 가장 사악한 동물이 된다고도 말한다. 인간은 지혜와 탁월함을 위한 무기로 로고스를 갖고 태어나는데, 이 무기는 나쁜 목적을 위해서도 너무 쉽게 쓸 수 있기 때문이다. 무장한 불의^{不義}는 가장 다루기 어렵다. 법은 폴리스의 질서를 유지해주고, 정의감은 무엇이 옳은지 판별해주는데, 법과 정의의 영역인 폴리스에서 로고스의 탁월함을 성취하지 못한 인간은 가장 야만적이고, 각종 욕망에 가장 충실한 동물이 된다는 것이다. 정치공간을 갖지 못하거나 정치공간을 상실하는 것은 곧 인간적 삶에서 멀어진다는 것을 의미한다. 정치를 통해 우리는 사회적 결과로서 도덕적 상태를 얻어낼 수 있다.

정치공간의 특성들

아리스토텔레스가 설명한 폴리스의 기능과 아렌트가 설명한 정치 개념은 우리에게 정치공간의 가능성과 힘을 알려준다. 사회에 도덕적 결과를 불러오는 정치공간의 특성을 다음과 같이 다섯 가지로 정리해볼 수 있다.

첫째, 정치공간은 말의 힘으로 대화와 설득을 추구하는 공간이다. 물리적 폭력이 아니라 말이 지배하는 공간으로서 정치공간은 말로 서로의 행위를 조정하는 삶의 방식을 형성한다.

둘째, 정치공간의 참가자에게는 평등권과 말할 권리가 부여된다. 평등권은 정치공간을 함께 형성한 사람들이 만든 법을 통해 보장된다. 평등하다는 말의 의미는 '동료와 더불어 산다' '동료와만 함께한다'는 뜻이다. 자연적으로 인간은 사실상 불평등하게 태어난다. 그래서 공동체를 만들고 인위적인 법을 세워 그 법이 적용되는 한 공동체 내에서 평등이 유지되도록 한다. 이렇게 인위적으로 형성된 영역이 정치공간이다.

셋째, 정치공간에서는 경제나 혈통 같은 것으로 위계가 정해지지 않는다. 정치공간을 존속하기 위해 경제가 필요해도, 정치공간이 경제의 힘에 종속되어서는 안 된다. 정치공간에서 중요한 것은 말의 힘이고, 소통과 통합을 이룰 수 있는 의견이 중심이 되어야 한다.

넷째, 정치공간에서 주장되는 의견들은 소통과 합의를 지향해야하며 공정성과 불편부당성을 추구해야 한다. 합의는 편파적이지 않아야 하며 그것은 기회와 내용에서의 공정을 요구한다. 이를 위해 의견을 제출하는 자가 사적 이익에 몰두하지 않고 초연한 태도를 취하는 것이 필요하다.

끝으로, 정치공간은 시민에게 일정한 덕성을 요구한다. 시민은 직접적인 방식으로 정치에 참여하지 않는다 해도 정치가에게 항상 영향을 미친다. 민주주의 사회에서 정치가는 궁극적으로 시민에게 의존할 수밖에 없다. 따라서 좋은 정치가는 좋은 시민을 토대로 좋은 정치를 하게 된다. 시민은 동료 시민과 대화하는 가운데 좋은 의견을 형성하므로, 정치공간은 소통하고 참여하는 시민을 요구한다. 덕성을 갖춘 시민은 자신의 공동체를 위해 대화의 노력을 기울이는 자이며, 이런 노력이 정치공간을 창출해낼 뿐만 아니라, 정치가 올바로 나아가도록 하는 토대가 된다.

정치적 현실주의와 이상주의

정치공간에 도덕적 지향성이 있다면, 왜 현실정치는 실제로 그런 결과를 만들어내지 못할까? 우리의 논의가 너무 이상적인 반면 현실정치는 그런 이상과 거리가 멀기 때문일까? 현실주의는 진정으로 현실적이고 이상적 관점은 비현실적이기만 한 것일까?

현실정치의 실례에 집중하는 정치적 현실주의는 힘의 대립 논리에 주안점을 둔다. 정치적 현실주의는 물리적 힘에만 주목하고 이성적 소통의 힘 같은 다른 힘에는 주의를 기울이지 않는다. 특히 정치적 현실주의는 국제관계를 정글의 법칙이 지배하는 것으로 이해하는데, 이 또한 세계가 새로운 질서를 창출하기 위해 국제사법재

판소 등을 만드는 노력을 간과하거나 무시하는 것이다.

정치에 도덕적 방법 자체를 도입할 수는 없다. 정치의 차원과 도덕의 차원이 다르기 때문이다. 그러나 도덕이 현실에서 이루려는 공동의 삶은 정치를 통해 이룰 수 있다. 약속의 방식으로 바람직한 정치공간을 만들 때 우리는 정치가 도덕적으로 되는 결과를 이끌 수 있다. 이를 위해 우리는 현실을 극복하는 정치철학으로 정치행위를 실천해야 한다. 달리 말해, 이상적으로 보이는 정치관으로 실천을 추구할 때, 그 결과가 도덕적인 사회를 만들 수 있다는 것이다.

"정치가 도덕적이어야 한다"는 말은 우리가 흔히 사용하는 일상적 표현이다. 그러나 정치와 도덕은 별개의 영역에 속한다. 따라서 우리는 도덕의 관점에서 볼 때 훌륭한 사회를 정치를 통해 이루려고 노력해야 한다. 그 긍정적 결과는 정치가 작동하는 여러 방식을 이해하고, 적절한 정치적 행위를 실천함으로써 얻을 수 있다.

더 읽고 더 생각하기

· 『빌리 버드』의 번역본은 허먼 멜빌, 안경환 옮김, 『바틀비/베니토 세레노/수병, 빌리 버드』(홍익출판사, 2015)를 참조했다.
· 이 장의 내용을 다룬 책은 한나 아렌트, 홍원표 옮김, 『혁명론』(한길사, 2004)이다.
· 소크라테스의 윤리설에 대한 이야기는 *Judgment and Responsibility*에 실린 "Thinking and Moral Considerations"에 나온다.

정치에 도덕적 방법 자체를 도입할 수는 없다.
그러나 도덕이 현실에서 이루려는
공동의 삶은 정치를 통해 이룰 수 있다.
약속의 방식으로 바람직한 정치공간을 만들 때
우리는 정치가 도덕적으로 되는 결과를 이끌 수 있다.

11 혁명과 정치

전쟁과 혁명

드디어 촛불시위가 과연 혁명인지 아닌지의 문제를 다룰 수 있는 지점에 이르렀다. 이 문제를 다루려면 먼저 혁명이 무엇인지 알아야 하는데, 이와 더불어 전쟁과 폭력 등의 문제도 다루어보자.

혁명과 전쟁은 모두 폭력을 수반한다는 점에서 공통점이 있지만 명확한 차이점도 있다. 첫 번째는 이 둘이 발생하는 시점이다. 전쟁은 인류의 역사만큼 오래된 반면, 혁명은 근대에서 발생한 현상이다. 혁명은 민족의 해방과 기타 자율적 방식으로 새로운 정치체제를 형성하는 시도라고 정의할 수 있다. 이 정의에 따르면 혁명을 위해서는 일단 민족이 필요하고 일정 기간 새로운 정치체제가 국가로 존재해야 한다. 이 조건이 혁명을 근대적 현상으로 만든다.

두 번째는 추구하는 목적이다. 혁명이 추구하는 것은 정치적 자유다. 이를 위해 새로운 정치체제를 만드는 것이 혁명의 목표다. 전쟁은 침략자에게 저항하고 봉기할 때만 자유와 연관된다. 그 외에는 대부분 국가의 이익을 위해 벌이는 침략 전쟁이다.

현대로 오면서 이 두 번째 차이점은 사실상 많이 희석되었다. 오늘날의 전쟁이 과거의 전쟁과 상당히 달라졌기 때문이다. 전쟁 수단이 기술적으로 발전하면서 총력전을 할 수 없는 상황이 되었다. 오늘날 총력전은 핵전쟁, 곧 인류의 파멸을 의미하기 때문이다. 현존하는 핵무기를 모두 없앨 수 없다면, 전쟁의 수단이 아니라 전쟁을 억제하는 수단으로만 사용해야 한다. 강대국 사이에서 발생하는 전쟁뿐 아니라, 우리나라만 해도 남과 북의 전쟁은 곧 민족의 파멸을 의미하기 때문에 함부로 전쟁을 일으킬 수 없다.

전쟁을 일으키려면 비록 국지전이라 해도 명분이 분명해야 한다. 용인될 수 있는 전쟁은 민족의 해방이나 독립 또는 어느 정치 공동체가 자율적인 공동체를 형성하고 국제적으로 인정받는 것 등이어야 한다. 이런 전쟁은 근대 초기의 혁명과 비슷하다. 자유를 위한 전쟁과 이익만을 위한 전쟁은 정당성이나 국제적 지지에서 확연한 차이가 발생하게 된다. 물론 이런 논의는 이론적 가능성을 의미할 뿐 모든 전쟁이 다 그렇다는 말은 아니다. 전쟁에는 수많은 요소가 개입되며, 예외 없이 비극적인 상황을 유발하기 때문에 우리는 전쟁을 피해야만 한다.

논의의 핵심은 전쟁은 정당화를 요구한다는 데 있다. 전쟁은 그 자체로 폭력이기 때문이다. 정당화할 수 없으면, 전쟁에서 비록 승리한다 해도 인정받지 못한다.

전쟁은 정당화를 요구한다.
그 자체로 폭력이기 때문이다.

전쟁은 정치의 연장이 아니다

전쟁의 정당성에 대한 논의는 전쟁의 역사만큼 오래되었다. 고려 시대 때 서희가 거란의 침입에 맞서 담판으로 물러서게 했던 것이나 중국 당나라 시절에 최치원이 「토황소격문」이라는 글을 써 황소의 난을 격퇴했던 것은 전쟁의 부당성을 설파함으로써 전쟁의 명분을 없애 버렸기에 가능한 것이었다.

클라우제비츠는 『전쟁론』에서 "전쟁은 다른 수단을 이용한 정치의 연장이다"라고 주장했다. 다른 수단이란 폭력을 의미하는데, 클라우제비츠는 이 말을 통해 폭력을 정치의 영역 안으로 끌어들인다. 그런데 아렌트의 정치사상에 따르면, 전쟁은 정치가 될 수 없다. 정치란 폭력이 아니라 설득에 기반을 둔 것이기 때문이다.

인간은 언어를 사용하는 동물이라는 점을 근거로 정치가 인간의 본질적인 속성에 기인한다고 말할 수 있음을 이미 살펴보았다. 폭력에는 말의 능력이 없다. 폭력에 직면했을 때 말은 도움이 되지 않을 뿐만 아니라, 폭력 자체가 말이 없는 것이며 말을 회피하는 것이다. 말로 행사되는 폭력이 있지만 폭력적 언어에는 말이 가진 본래적인 힘인 소통의 능력이 부재한다. 따라서 본질적으로 볼 때 우리는 폭력을 정치적 행위로 그리고 전쟁을 정치의 연장으로 여길 수 없다.

아렌트와 클라우제비츠의 전쟁관의 차이는 그들의 정치 개념의 차이에서 비롯된다. 또한 정치 개념의 핵심인 폭력 또는 권력에 대한 관념의 차이도 문제다. 폭력이 정당화된다는 것과 폭력 자체가 정당하다는 것은 의미가 다르다. 전쟁과 혁명에 관해 폭력을 논할 때 우리는 '이러이러한 폭력은 정당화될 수 있겠다'라는 정도의 논의에 머물러 있다. 아렌트가 폭력에 대해 정당성을 거론할 때 이는 폭력 자체를 미화한다거나 정당하다고 여기는 것이 아니다. 그런데 클라우제비츠가 폭력을 정치 안으로 가져왔을 때는 전쟁 또는 폭력 자체를 당연시하는 논리가 열리게 된다.

폭력이 정당화를 요구하는 것은 폭력이 본질적으로 도구적이기 때문이다. 도구는 그것이 구현하는 목적에 따라 정당화된다. 만일 어떤 전쟁이 정치적 자유를 목표로 한다면서 정당화를 추구한다면, 그 전쟁은 그것이 실제로 정당화될 수 있는지 아닌지 자세히 따져보아야 한다. 그러나 어쨌든 이는 자기들이 수행하는 전쟁이 혁명이라는 주장을 하고 있는 것이다.

개념의 차이라고 해서 단지 주관적 관점의 차이를 의미하지는 않는다. 개념은 현실에 기반을 두고 본질에 입각해 형성되어야 한다. 아렌트의 관점이 클라우제비츠의 관점을 능가하는 것은 논리의 치밀성이 아니라 현실에 입각해 구성된 덕에 현실을 더 적절히 설명할 수 있었기 때문이다.

혁명의 핵심

혁명이란 한 민족이 자율권을 획득해 자신들을 위한 새로운 정치 체제를 형성하고 새로운 정치 질서를 만들려는 시도를 말한다. 사회적인 변동이나 변혁, 아주 급격한 혼란으로 발생한 변동은 역사가 시작한 이래로 자주 발생해왔다. 변혁이나 변동을 혁명으로 부르려면 다른 것과 구별되는 요소를 포함하고 있어야 한다. 자유의 출현, 자유의 등장이라는 요소다. 그래서 폭동이나 쿠데타, 내란 등이 성공했다고 해서 그것이 곧 혁명이 되는 것은 아니다. 이것이 바로 5·16군사 쿠데타나 전두환의 무력적인 권력 획득이 혁명과는 거리가 먼 이유다.

새로운 시작이라는 의미에 부합하는 변화가 발생하는 곳, 즉 전적으로 새로운 정치체제를 형성하기 위해 혁명이 발생하고 그 과정에서 폭력적 수단을 사용하는 곳 또는 억압에서 해방하려는 목표가 궁극적으로 정치적 자유의 제도화를 향하고 있는 곳, 이러한 곳에서 우리는 비로소 '혁명'이라는 단어를 쓸 수 있게 된다.

그런데 근대적 혁명의 모습을 갖추더라도 정치적 자유가 아닌 사회적인 문제가 그 과정에서 핵심 역할을 담당하는 경우도 있었다. 사회적인 문제란 인간의 빈곤 문제와 관련된다. 빈곤은 인간적 삶의 조건을 허물어뜨린다. 그런데 사회적 문제가 혁명의 중심 문제가 되면, 혁명은 다른 길로 나아간다는 것이 『혁명론』에서 아렌트가 제기하는 핵심 주장 가운데 하나다. 이것이 미국혁명과 프랑스혁명을 구분 짓는 지점이다.

프랑스혁명은 정치적 자유에서 시작했지만, 사회적 문제에 집중하고 거기에 빠져듦으로써 어려움에 봉착하게 된다. 미국혁명은 처음부터 사회적 문제에서 자유로웠다. 정치적 자유에만 몰두할 수 있는 여건이 북아메리카의 거대한 땅덩어리에 준비되어 있었다. 그

변혁이나 변동을 혁명으로 부르려면
다른 것과 구별되는 요소를 포함하고 있어야 한다.
자유의 출현, 자유의 등장이라는 요소다.

래서 정치적 자유에 몰두하고 국가적인 차원에서 자유를 구성하는 데 성공할 수 있었다.

프랑스혁명의 과정에서 사회적 문제가 과제로 부각되었던 것은 미국의 존재 때문이기도 했다. 급격하게 기술이 발전하면 궁핍의 문제가 해결될 수 있을 거라는 기대를 유럽이 품기 전에, 이미 미국은 유럽처럼 궁핍하지 않다는 사실이 유럽에 알려져 있었다. 유럽에서 기술이 발전한 후 프랑스뿐 아니라 유럽 여러 지역에서는 빈부격차가 자연스럽지 않다는 것을 인식하게 되었다. 빈부격차를 당연시했던 전통적인 사고가 무너진 가운데 혁명이 발생했을 때, 빈부의 문제, 즉 사회적 문제가 혁명으로 한 번에 해결될 수 있다는 믿음이 발생했던 것이다.

미국혁명은 프랑스혁명에 앞서 발생했고, 미국이 국가를 형성했던 시점에 유럽에는 왕정 국가만 존재했다. 그런데 미국은 독립을 쟁취한 이후 대통령 제도를 실시하고 삼권분립을 이끌어내었다. 이런 국가 제도의 형성은 새로운 세속의 질서Novus Ordo Seclorom를 구현했다. 이 말은 현재 미국의 지폐에 명시되어 있다. 이처럼 미국혁명은 정치 영역의 구조를 바꿨고, 그 핵심은 정치적인 것에 있었다.

정치적 자유

'혁명'은 영어로 revolution인데, 이 말은 코페르니쿠스가 지동설을 주장했던 『천체 궤도의 운행에 대하여』De revolutionibus orbium coelestium 라는 책의 제목으로 사용되면서 유명해진 천문학적 용어다. 영어

외젠 들라크루아가 그린
「민중을 이끄는 자유의 여신」(1830, 위)과
에마누엘 로이체가 그린
「델라웨어강을 건너는 워싱턴」(1851).
프랑스혁명은 정치적 자유에서 시작했지만,
사회적 문제에 집중하고 거기에 빠져듦으로써
어려움에 봉착하게 된다.
미국혁명은 처음부터 사회적 문제에서
자유로웠다.

의 revolution의 어원인 라틴어 revolutio는 '궤도의 운행' '공전주기에 따른 순환'을 의미한다. 이는 '정해진 노선 또는 미리 정해진 질서를 따른다'는 의미가 있으며 반복성의 의미도 함축되어 있다. 그래서 혁명에는 어떤 확립된 지점으로 복귀한다는 의미가 포함된다. 이 말은 17세기에 정치적으로 처음 사용했고 '복귀' 또는 '복구'를 의미했다. 프랑스혁명과 미국혁명 당시 '혁명'이라는 단어를 사용했을 때도 마찬가지로 원래 질서로 돌아간다는 의미로 사용했다. 그러나 18세기 이후에는 복귀의 의미보다는 '새로운 시작'이라는 의미가 더 강했다.

원래의 질서로 복귀한다고 할 때의 원래 질서 또는 새로운 것을 시작한다고 할 때의 새로움은 '정치적 자유'를 말하는 것이다. 정치적 자유는 혁명적 경험의 핵심 내용이다. 아렌트는 고대 그리스의 경험에서 이러한 정치적 자유의 원형을 찾아 우리에게 소개해준다.

고대 그리스 사회에서 사람들은 정치적 자유를 비지배, 다시 말해 지배가 없는 상태, 즉 통치자와 피치자의 수직적 위계질서가 없으며 시민들이 함께 살아가는 정치 조직의 한 형태로 이해했다. '자유'는 상태를 말하는 것이 아니라, 비지배가 실현된 정치조직의 한 형태로 받아들여졌다. '비지배'란 그리스어로 이소노미아^{isonomia}다. 이 말은 '같은' '평등'을 의미하는 iso와 '법'을 의미하는 nomia의 합성어다. 이 말은 흔히 '법 앞에서의 평등'이라고 번역하고, 우리나라 헌법에서도 사용한다.

정치적 자유는 해방적 자유^{liberation}와는 다르다. 해방이란 구속에서 벗어나는 것을 의미한다. 해방의 자유는 자신의 보호와 안전을 제도적으로 확보한다는 식의 소극적 의미만 있다. 해방의 열망은 정치적 자유를 향한 열망과는 차이가 있다. 해방이 자유의 조건이긴 하지만, 그 자체가 곧 적극적인 의미를 갖는 정치적 자유를 의미하지는 않는다. 정치적 자유는 해방을 넘어서 정치공간을 형성하는 기능을 하고, 행위자 자신을 드러내는 표현적 성격을 갖는 적극적 의미의 개념이다.

정치적 평등

우리는 조건이든 기회든 무언가를 동등하게 소유하는 것을 사회적 평등이라고 한다. 그런데 비지배, 즉 이소노미아가 의미하는 평등은 사회적 평등이 아니라 정치적 평등이다.

인간은 자연적 상태로는, 다시 말해 태어난 모습 그 자체로는 사실상 평등하지 않다. 자연적 상태로 보면 부모의 소유, 신체적 조건, 정신적 능력 또는 외모에서 개인마다 차이가 있을 수밖에 없다. 이처럼 자연적으로는 불평등한 모습을 한 사람들이 공동체라는 인위적 공간을 만들고 그 안에서 평등한 관계를 추구하는 것이 이소노미아가 뜻하는 평등이다. 이러한 평등은 그 공동체에 참여하는 사람들이 함께 뜻을 모아 법을 만들고, 이 법이 적용되는 영역 안에서 '우리는 모두 평등하며 특히 정치적으로 평등하다'라고 주장할 때 형성될 수 있다. 이런 점에서 아렌트는 이소노미아를 '법 앞에서의 평등'보다는 '법 안에서의 평등'이라고 하는 것이 더 적절하다고 말

정치적 자유는 해방을 넘어서
정치공간을 형성하는 기능을 하고,
행위자 자신을 드러내는 표현적 성격을 갖는
적극적 의미의 개념이다.

한다. 공동체 구성원과 함께 법을 통해 만들어낸 인위적인 평등이기 때문이다.

'법 앞에서의 평등'은 내가 법 앞에 서 있다는 말이다. 법은 나에게 대항해 내 앞에 심판자처럼 존재한다. 그런데 '법 안에서의 평등'은 내가 만든 법의 틀 안에서 법의 보호를 받고 있다는 것을 의미한다. 우리 헌법에서는 '법 앞에서의 평등'이라고 표현하는데, 이를 '법 안에서의 평등'이라고 바꾸어야 하는 것은 아닌지 고민해볼 문제다.

이소노미아의 평등은 개인의 속성이나 개인의 권리로서의 평등이 아니다. 공동체의 속성, 즉 공동체가 요구하는 '정치적 평등'을 의미한다. 이러한 평등은 인간이 만든 법이 형성해내는 특별한 영역이 필요하다. 바로 이것은 정치 공동체와 정치 영역이 만들어내는 정치공간이다. 정치적 평등은 자연적으로 주어진 것이 아니다. 우리가 이미 그런 평등을 누리고 있다면, 그런 공동체를 만들기 위해 과거의 누군가가 인위적인 노력을 기울였을 것이다.

정치 공동체 안에서는 사람들은 서로 시민으로 만나게 된다. 자유는 평등한 시민들 사이에서 작동한다. 그런데 정치 공동체 안에서 어떤 사람이나 집단이 왕 같은 역할을 하려고 한다면, 그 공동체의 성격은 변질되고 시민들 사이의 평등한 관계는 더 이상 존재할 수 없게 된다. 시민은 피치자가 되고 통치자와 시민 사이에는 수직적 관계가 형성되면서 평등은 사라진다. 이런 사회에서는 정치적 자유가 움직일 수 있는 공간, 즉 정치공간이 존속할 수 없게 된다.

자유는 평등한 시민들 사이에서 작동한다.

시민권은 정치적 평등을 보장한다. 시민권이란 법이 지배하는 공동체의 구성원이 되는 권리다. 그런데 시민권에는 두 가지 의미가 있다. 하나는 시민이 되는 권리다. 다른 하나는 재산권, 집회결사의 권리, 자유로운 언론의 권리 등 시민으로서 누리는 권리의 목록이다. 민족이 시민이 되는 권리는 혁명을 통해 만들어진다. 이런 권리를 아렌트는 '권리를 가질 권리'라고 했다. 권리를 가질 권리는 정치공간을 열어내려는 노력, 정치 공동체를 창출하려는 노력을 통해 비로소 성취할 수 있다.

촛불집회는 혁명이다

공화국 또는 공화국주의는 두 축이 있다. 하나는 지배하는 왕이 존재하지 않는다는 것으로, 공화주의는 평등한 시민들이 평등한 관계를 요청한다. 다른 하나는 공동체 구성원이 스스로 합의한 법을 통해 스스로 정치공간을 형성하는 것으로, 공화주의는 법이 지배하는 체제를 요청한다.

여기서 우리는 2016~17년의 촛불집회가 과연 혁명이었는지 다루어보자. 촛불집회를 혁명으로 부르려면 그로 인해 새로운 정치체제가 형성되어야 한다. 그런데 비록 그 때문에 대통령이 탄핵되고, 정권이 교체되고, 여야가 바뀌고, 새 대통령이 선출되고, 행정부의 수뇌부가 바뀌었다고 해도 이런 일들이 헌법을 바꾸어놓거나 새로운 질서를 만들어놓았다고까지 말하기는 어렵다. '새로운 정치 질서 수립'이 혁명의 핵심 요소다.

그러나 나는 이 촛불집회를 혁명이라고 규정할 수 있다고 생각한다. 촛불집회를 통해 헌정 질서가 회복되고 민주주의 정신이 살아난 것은 엄연한 사실이기 때문이다. 박근혜 전 대통령 탄핵의 의미는 단지 부패한 대통령을 축출했다는 점을 넘어 시민들이 전국에서 자발적으로 참여했다는 점에서 중요하다. 그러나 무엇보다도 해방 이후 대한민국이 일관성 있게 새로운 정치질서를 유지해왔다고 생각할 수 없는 상황에서, 촛불집회는 새로운 질서를 수립하려는 일련의 사건의 연장선에서 큰 방점을 찍는 결정적인 사건이었다.

우리나라는 다른 나라의 힘으로 정부를 수립하고 민주주의 정신을 담은 헌법에 기초해 나라를 운영했지만 실질적으로는 민주주의와 공화주의적 헌정질서를 제대로 가꾸어 오지 못했다. 해방 후 혼란기에 미군정의 힘을 업은 이승만과 동조 세력이 제헌의회를 통해 정부를 수립했지만 이후 독재로 이어졌고, 4·19학생혁명은 뒤이은 박정희의 군사 쿠데타로 좌절된 이후 개발독재로 이어졌던 것이다. 1980년의 봄은 5·18광주민주화운동을 무자비하게 폭압한 후 전두환의 폭력적 독재에 유린당했다. 6·10항쟁 이후 시민의 힘이 강해졌지만 이승만과 박정희가 표상하는 과거의 퇴행적 힘은 끊임없이 한국 정치의 발목을 잡았다. 이런 상황에서 2016~17년에 한국에서 발생한 촛불집회는 새로운 결정적 힘을 '새로운 정치 질서'에 부여했던 것이다. 이런 의미에서 우리는 2016~17년에 일어난 촛불집회를 혁명이라 부르며, 이와 더불어 다소 변형된 형태의 '혁명' 개념을 새롭게 제출하게 된다.

프랑스혁명은 왕정을 타도하고 왕을 참수시키며 새로운 질서를 일거에 열었다. 미국혁명은 영국에 대한 독립을 선언하고 전쟁을 수행함으로써 새로운 국가를 열었다. 우리는 오랫동안 하나의 과정으로서 '새로운 질서'를 공고히 하는 혁명을 일으켜왔고, 촛불집회는 그 과정에서 큰 방점을 찍는 사건이었다. 이렇게 혁명은 일회적 사건이 아니라 일련의 과정을 지칭할 수 있게 되었다.

더 읽고 더 생각하기

· 혁명과 정치적 자유, 법에 대한 논의는 『혁명론』의 핵심 내용이며, 이소노미아에 대한 논의는 『정치의 약속』에 실린 「정치에의 초대」에서도 다룬다.
· 법과 권력, 폭력에 대한 논의는 한나 아렌트, 김선욱 옮김, 『공화국의 위기』(한길사, 2011)의 「시민불복종」과 「폭력론」에서 심도 있게 다룬다.
· 자유에 대한 논의는 한나 아렌트, 서유경 옮김, 『과거와 미래 사이』(푸른숲, 2005)의 「자유란 무엇인가」에서 체계적으로 다루기도 한다.
· 우리나라 헌법의 역사에 대한 저술은 여럿 나와 있는데 서희경 『대한민국 헌법의 탄생』(창비, 2012)은 읽어볼 만하다.

12 자유와 제도

자유의 지속

정치적 자유가 혁명 같은 사건을 통해 등장한다고 해서 저절로 지속되지는 않는다. 그렇다고 자유를 지속하기 위해 매일 혁명을 일으킬 수는 없다. 역동성을 본질로 하는 혁명이 일상화되면 삶의 중요한 요소인 안정성이 깨지기 때문이다. 혁명으로 얻은 자유를 유지하고 지속하기 위해서는 자유가 일상의 부분이 되어야 한다. 이는 제도를 통해 가능하다.

정치적 자유의 제도화는 '자유의 구성'으로 표현된다. '구성'은 영어로 constitution인데 이는 '뼈대를 세운다'라는 의미다. 한자 構成도 구조를 만든다는 의미이므로 결국 같은 뜻이다. 그런데 영어의 첫 글자를 대문자로 쓰면 '헌법'the Constitution을 뜻하게 된다. 이는 헌법이 정치적 자유를 항구화하는 장치의 뼈대, 정치 공동체의 기본 틀이기 때문이다.

현실에서 우리가 만나는 구체적인 법, 즉 법률이나 규칙이나 조례 같은 것은 헌법에 명시된 원리를 구체적으로 정리한 규정이다.

혁명은 헌법을 통해 새로운 질서의 형식적 틀을 창출하고, 법률 등을 통해 자유를 구체화한다. 그러나 현존하는 헌법이 모두 정치적 자유를 내용으로 하는 것은 아니다.

우리의 경우는 1948년 대한민국 헌법이 제정되었으나 이는 혁명의 산물이 아니었다. 일제강점기인 1919년 선각자들이 3·1만세운동을 일으켜 대한독립을 외쳤고 그 정신을 따라 중국 상해에서 임시정부와 헌법을 만들었다. 그 후 임시정부의 헌법은 수차례 바뀌었지만, 한반도에 영향력을 미쳐야 할 헌법의 모습에 대해서는 별도로 다양하게 논의했다. 이와 달리 1948년 제정된 헌법은 이승만 정권을 지지하는 세력이 만든 것으로 이후 수정을 거듭해 현재에 이르고 있다. 1972년 선포된 유신헌법은 민주주의 헌법에서 크게 후퇴했다. 이처럼 우리나라에서 발효된 헌법은 정부가 만들어 국민에게 부여하는 방식으로 존재해왔다.

우리 헌법은 시민들의 권리를 보호하는 기본 합의로서 권리장전의 형태로 존재해왔다. 하지만 시민이 본래적으로 향유해야 하는 정치적 자유를 온전히 보장하지는 못했다. 이는 존재하는 모든 헌법이 정치적 자유를 담고 있는 것이 아님을 잘 말해준다. 결국 중요한 것은 헌법이 근본적으로 정치적 자유, 시민의 정치적 평등을 제대로 담아내는지 여부다.

권력과 약속

헌법은 혁명의 물결을 저지하거나 마땅히 일어나야 할 혁명이 아예 일어나지 못하도록 기만하는 역할도 한다. 이런 헌법에 근거해 통치하는 통치자의 권력은, 시민의 정치적 자유를 기반으로 한 것이 아니기 때문에, 아렌트의 관점에서 이는 권력이 아니다. 그런 권력은 법의 이름으로 제한한다고 해도 충분하지 않다. 시민의 참여, 시민의 평등한 정치적 기회가 완전히 보장되지 않으면, 통치자의 힘은 권력이 아니라 폭력을 본질로 삼게 된다.

우리는 권력을 주로 통치자가 행사하는 힘으로 이해한다. 그 힘이 민주적이든 독재적이든 말이다. 심지어 힘이 폭압적이고 강력할수록 더욱더 권력으로 느낀다. 이러한 권력 개념은 유럽의 전통적 권력 개념과 같다. 아렌트의 권력 개념은 이와는 아주 다르다.

토마스 홉스의 『리바이어던』*Leviathan*은 유럽의 전통적 권력 개념의 핵심을 잘 드러낸다. 홉스에 따르면 자연 상태의 인민은 모두 주권이 보장하는 권리를 가지지만 그 상태로는 만인의 만인에 대한 투쟁을 피할 수 없다. 결국 자신의 목숨을 보전하고 평화를 이루기 위해 인민은 개인의 주권을 국가에 양도하게 되고, 이로써 국가는 절대적 권력체가 된다. 물론 이러한 국가의 절대적 권력도 시민의 동의에 기초한 것이지만, 국가는 양도된 주권에 근거해 권력을 행사하므로 시민의 권력을 통제할 수 있다. 이때 국가 권력은 국가 폭력과 크게 다르지 않아 보인다. '권력'을 의미하는 독일어 Gewalt는 '권력'으로도 '폭력'으로도 옮길 수 있다. 이런 개념적 모호성은 유럽의 전통적 권력 개념의 핵심이다.

아렌트가 말하는 권력은 약속을 토대로 한 시민적 정치체제에서 형성된다. 이 정치체제의 구성원들은 지배자와 피지배자의 관계로 구성되지 않는다. 시민은 권력을 향유하고 또 '권리를 가질 권리'가 있지만 개인이 절대적 주권을 소유한다고 주장하지는 않는다. 권력은 주권과 무관하게 이해되며, '주권의 양도' 같은 개념은 사용되지 않는다. 권력은 시민끼리 약속을 통해 합의한 바에 따라 형성되는 것이다.

권력은 사람들이 함께 모여 뜻을 함께할 때 생겨난다. 사람들이 약속을 맺을 때 권력은 존속하고, 반대로 그 사람들이 흩어져버릴 때 권력은 사라져 없어진다. 정치체제는 약속 위에 존립한다. 약속하기와 약속 지키기는 정치를 가능케 하는 인간의 능력이다. 약속을 깨뜨리면 공동체가 파괴되고 정치가 더 이상 가능하지 않게 된다. 이때 개인은 처벌받으며, 집단은 갈등과 전쟁을 겪게 된다. 전쟁과 죽음이라는 비정치적 방식을 회피하기 위해 필요한 인간의 또 다른 능력이 용서다.

정치적 용서

인간은 자기가 한 약속을 완전히 지킬 수 있는 존재가 아니다. 약속을 지키고 싶어도 상황 때문에 지킬 수 없을 때가 있다. 인간으로서의 연약함도 약속을 지키지 못하는 이유가 된다. 이때 우리는 용서를 말하게 된다. 개인끼리는 서로 용서하지 않고 다시 만나지 않아도 살 수 있다. 그러나 집단끼리는 그럴 수 없다. 만약 정치 공동체를 함께 유지할 수 없다면 집단 간에 전쟁이 벌어질 수 있다.

약속이 없으면 정치적 관계는 형성될 수 없다. 약속을 지키지 못했을 때 정치적 관계는 위기에 처한다. 용서는 정치적 관계를 유지하고 계속하기 위해 필요하다. 용서가 없으면 새로운 약속이 없게 되고, 약속이 없으면 정치적 관계가 다시 발생할 수 없다. 이때 요구되는 용서는 종교적 차원의 무조건적 용서나 개인적 차원의 관용이 아니라, 정치적 관계를 맺기 위해 요구되는 정치적 용서다.

북아일랜드의 경우, 오랫동안 가톨릭을 믿은 아일랜드계와 성공회를 믿은 앵글로색슨계가 수백 년간 갈등하며 전쟁을 벌여왔는데, 이들이 서로 용서하면서 평화가 찾아왔다. 용서하지 않을 때는 갈등과 전쟁이 발생하지만, 전쟁을 멈추고 함께 살아갈 세상을 모색할 때는 서로에 대한 증오를 뒤로하고 정치적 용서를 관계의 바탕에 놓을 수밖에 없다. 용서하지 않을 때는 어느 한쪽이 다른 쪽을 완전히 죽여 없애야 갈등이 끝난다. 즉 평화와 공존을 위해서는 정치적 차원의 용서가 반드시 필요한데, 우리 사회에서도 정치적으로 어떤 수준의 용서가 필요한지 절실히 고민할 필요가 있다. 죽음의 정치가 지배하는 한국의 정치 풍토에서 생명과 공존의 정치를 만들어내려면 말이다.

국가 권력과 폭력

현실의 국가는 공권력이라는 이름으로 폭력을 행사하기도 한다. 전통적 권력 개념에 따르면 국가 권력과 국가 폭력은 개념적으로 구분되지 않는다. 그러나 아렌트의 권력 개념에 따르면 국가 권력

약속이 없으면 정치적 관계는 형성될 수 없다.

1994년 영국과의 전면 휴전이 선포되자
환호하는 IRA 단원들.
아일랜드계와 앵글로색슨계가
서로 용서하면서 평화가 찾아왔다.

은 개인의 합의로 형성되었다는 점에서 폭력으로 간주될 수 없다. 내가 한 약속으로 형성된 법을 근거로 집행된 권력이 폭력일 수 없기 때문이다.

물론 이 경우 시민의 약속에 기초해 국가가 형성되었기 때문에, 그 약속을 위반했을 때 시민은 국가에 저항할 수 있다는 전제가 깔려 있다. 만일 국가가 올바르지 못하게 폭력을 행사할 경우, 권력의 본래 정신인 헌법 정신에 따라 국가 폭력을 교정할 수 있고 교정해야만 한다는 점이 다른 권력 개념과 다르다.

이러한 두 권력 개념에 대해, 전통적 개념은 현실적이고 아렌트의 개념은 이상적이라고 평하는 것은 옳지 않다. 물론 모든 현실이 아렌트의 개념대로만 작동하는 것이 아니라는 점에서는 이상적이라고도 할 수 있다. 그러나 역사는 움직이고 사회는 변한다. 이를 고려하면 전통적 권력 개념은 아렌트적 권력 개념에 자리를 양보하는 과정이라고 할 수 있다. 역사가 그 방향으로 나아가고 있기 때문이다. 또한 우리는 전통적 권력 개념이 작용하는 사회를 바꿔, 아렌트적 권력 개념이 작용하는 사회와 국가를 만들기 위해 노력하고 있다고도 할 수 있다. 시민으로서 우리는 아렌트적 권력 개념을 국가 내에서 작용해야 하는 권력으로 선택해야 한다.

국가의 권위

시민의 권력은 헌법을 통해 체계적인 틀을 갖춘다. 이 헌법을 바탕으로 법률이 만들어지고, 이 법률이 우리가 사는 정치 공동체의

역사는 움직이고 사회는 변한다.
이를 고려하면 전통적 권력 개념은 아렌트적 권력 개념에
자리를 양보하는 과정이라고 할 수 있다.
역사가 그 방향으로 나아가고 있기 때문이다.

구체적인 모습을 형성한다. 권력은 시민에게서 나오지만, 권위는 정치적 조직이 갖는다. 권위란 그것이 행사하는 힘에 대해 일일이 '왜'라고 따져 묻지 않고 그대로 받아들이는 것을 말한다. 국가가 세금을 내라고 할 때나 내가 신호를 위반해서 딱지를 받을 때, 왜 내게 그런 것을 강요하는지 묻지 않고 당연한 명령으로 받아들인다면 권위가 작용하는 것이다.

고대 로마시대부터 언급되었던 공화주의적 원리 가운데 '권력은 인민에게'postestas in populo라는 명제가 있다. 인민의 권력은 평등성을 전제로 하고 약속을 통해 지배를 배제한 공동체를 추구한다. 한편 공화주의의 또 다른 원리로 '권위는 원로원에'auctoritas in senatu라는 명제가 있다. 권위는 국가를 운영하는 집단에게 준다는 뜻이다. 오늘날에는 원로원의 권위를 헌법이나 이를 근거로 설치한 국가기관에게 준 것으로 이해할 수 있다.

국가 제도는 시민의 권력에 따라 구성된다. 법과 정치기구들이 헌법에 기반을 두고 작용한다는 말이다. '대한민국은 민주공화국이다'라는 우리나라 헌법 제1조 1항에 따라 이 나라가 실제로 공화국으로 작동하려면, 시민은 권력이 자신에게서 나오고 있음을 알아야 하고 시민에게는 그것을 지킬 힘이 있어야 한다. 그렇지 않으면 헌법은 무의미한 글로 전락하게 된다는 것을 우리는 경험으로 알고 있다. 시민의 올바른 교양과 실천이 헌법에 담긴 정신을 현실화할 수 있는 것이다.

국가 제도는 시민의 권력에 따라 구성된다.
법과 정치기구들이 헌법에 기반을 두고 작용한다는 말이다.

더 읽고 더 생각하기

· '자유의 구성'은 『혁명론』에서 미국혁명을 다루는 핵심 개념이다.

· 권력, 폭력, 권위에 대한 논의는 『공화국의 위기』에 수록된 「폭력론」의 핵심 내용이다.

· 용서에 대한 논의는 『인간의 조건』에서 정치적 행위를 다룬 「행위」 끝부분에서 짧게 언급한다.

· 마리 루이제 크노트, 배기정 외 옮김, 『탈학습: 한나 아렌트의 사유방식』(산지니, 2016)은 용서에 관해 한 장을 할애해 다룬다.

13 법과 시민 불복종

소크라테스와 악법

사람들은 대개 소크라테스가 "악법도 법이다"라는 말을 했다고 생각한다. 그러나 플라톤이 남긴 책이나 다른 자료를 살펴보면 소크라테스는 그런 말을 한 적이 없다. 그뿐만 아니라 이런 식으로 명제화될 수 있는 소크라테스의 사상도 존재하지 않는다.

우리가 아는 대로, 소크라테스는 청년들을 타락시켰다는 죄목으로 재판을 받고 시민의 투표로 사형을 선고받는다. 사형당하기 전날 밤, 소크라테스의 친구들이 찾아가 간수를 매수해놨으니 지금 탈출하면 된다고 탈옥을 권유한다. 그러나 소크라테스는 이 제안을 거부하고 그 이유를 설명한다. 결국 다음 날 소크라테스는 법에 따라 독약을 마시고 죽는다. 이 이야기는 『크리톤』*Kriton*이라는 책에 나오지만 여기에 "악법도 법이다"라는 말은 나오지 않는다. 소크라테스는 자신이 지금까지 지켜왔던 원칙에 어긋나는 일을 할 수 없다는 이유로 탈옥을 거부했을 뿐이다. 소크라테스는 자기모순이 없는 삶을 살고 싶어 했다. 소크라테스에게 윤리적 삶이란 자기모순이 없는 삶을 말한다.

아렌트는 소크라테스 윤리설의 핵심 명제로 두 가지를 든다. "악을 행하는 것보다는 차라리 악을 당하는 것이 낫다"와 "둘이면서 하나인 내가 나 자신과 조화를 이루지 못하고 심지어 나 자신과 모순을 일으키는 것보다는 차라리 이 세상 모든 사람과의 의견 불일치를 감내하면서 살아가는 것이 더 낫다"라는 것이 그것이다. 내가 악을 행하게 되면 악을 행한 나와 그것을 유감스럽게 생각하는 내가 서로 충돌하게 된다. 이렇게 충돌하고 살아가느니, 차라리 자기가 나쁜 일을 당할지라도 똑같이 나쁜 일은 하지 않겠다는 말이다. 내면적인 모순에 빠져 있는 삶은 너무나 고통스럽기 때문이다. 이런 내적 모순을 피한다는 의미에서 실정법을 지켜야 한다고 한 것이지 소크라테스가 이와 무관하게, 비록 악법이라도 현존하는 실정법을 무조건 지켜야 한다고 주장한 것은 아니다.

소로의 불복종

법을 거부하고 따르지 않은 대표적인 인물은 헨리 소로^{Henry}Thoreau, 1817~62다. 그는 시민 불복종^{civil disobedience}이라는 용어를 만들기도 했다. 그런데 소로가 한 불복종은 시민으로서의 불복종이 아니라 양심에 따른 불복종이었다. 『시민 불복종』^{Civil Disobedience}에서 그는 아무리 흉악한 악이 있더라도 그것을 근절하는 데 헌신하는 것이 인간의 당연한 의무일 수는 없다고 했다. 사람마다 몰두해야 할 관심사가 다르다는 것이다. 중요한 것은 자신의 손에 악을 묻히지

자크루이 다비드가 그린
「소크라테스의 죽음」(1787).
소크라테스는 "악법도 법이다"라는 말을
하지 않았다.
아렌트는 소크라테스 윤리설의 핵심 명제로
"악을 행하는 것보다는 차라리 악을 당하는
것이 낫다"라는 말을 든다.

않는 것, 자신의 속에서 악을 씻어내는 것 그리고 부지불식간에라도 나의 일이 악행에 도움되지 않게 하는 것이라고 했다.

소로는 철저히 개인의 관점에서 불복종 담론을 풀어낸다. 우리는 '시민'이라는 단어가 함축하는 시민성이 문제될 때, '시민 불복종'이라는 말을 사용한다. 따라서 소로의 관점은 우리에게 '양심적 거부'conscientious disobedience에 해당한다. 우리나라의 경우 양심적 거부가 병역 문제와 주로 연관되기 때문에 이를 흔히 '양심적 병역 거부'라고 표현하지만, 이는 병역에만 국한된 것이 아니다.

양심적 거부의 기준은 물론 양심이다. 법은 합의의 결과고, 양심은 합의 전에 형성되는 좀더 근본적인 것이므로, 양심과 법이 충돌할 때 개인에게는 양심이 앞선다는 것이 양심적 거부의 원리다.

소크라테스가 사형을 받아들인 이유 가운데 하나는, 국가가 주는 혜택은 다 받고 향유했으면서 국가가 불리한 것을 요구하면 받아들이지 않고 도망치는 것이 일관성 없는 행위라고 생각했기 때문이다. 종교단체도 마찬가지다. 국가 내의 단체로 모든 이익을 누리면서 국가가 특정 요구를 하면 자신의 이해와 충돌한다는 이유로 거부하는 태도는 옳지 않다. 물론 타협할 수 없는 근본적인 종교적 신념을 토대로 거부한다면, 국가는 이를 진지하게 고려해야 한다. 종교적 신념도 양심과 마찬가지로 사회적 합의보다 더 근본적인 것이기 때문이다.

법의 특징들

시민 불복종은 양심적 거부와는 다른 근거로 발생한다. 시민 불복종은 법의 독특한 특성 때문에 발생하기도 하고, 시민의 정치적인 뜻에 근거해 발생하기도 한다.

우선 시민 불복종과 관련해 법의 두 가지 특징을 살펴보자. 법은 실정성(實定性)이 있다. 법은 문자의 형태로 존재하는데 그 문자를 지우고 새로 쓰지 않는 한 지속적으로 영향력을 발휘한다. 이처럼 법은 일단 수립되면 그 자체로 고정됨을 표현하는 말이 법의 실정성이다. 법은 사람들 간의 합의로 만든 것이지만 시대가 변하면 동일한 법이 굴레가 될 수 있다. 이런 폐단에 빠지지 않으려면 법을 바꿔야 하는 시점에 바꿔야 한다. 적절한 시점에 현실에 적합하게 바꾸지 않으면, 그 법은 문제를 일으키게 된다.

실정성의 긍정적 측면은 이렇다. 인간사는 늘 변한다. 이때 쉽게 바뀌지 않는 법이 삶의 중심을 지켜줘 사회적 안정성을 부여한다. 변화와 안정성 사이에서 올바른 균형점을 찾는 것은 사회의 동학 dynamics에 달려 있다.

또한 법은 권력의 구체화다. 권력이 독재자의 자의적 힘을 가리키는지, 시민의 소통과 합의에 기초한 힘을 가리키는지에 따라 우리는 법을 다르게 이해하게 된다. 폭력으로 형성된 법, 우리에게 강압적으로 다가오는 법, 우리의 자유로운 의사에 따라 동의하지 않는 법에 복종하는 것은 노예의 삶과 다를 바 없다. 법이 시민 권력의 구체화라면, 제도의 명령에 복종하는 것은 스스로의 명령을 따

시민 불복종은 법의 독특한 특성 때문에 발생하기도 하고,
시민의 정치적인 뜻에 근거해
발생하기도 한다.

르는 것과 다를 바 없으므로 결코 노예적인 복종이 아니다.

시민 불복종의 의미

시민 불복종은 그것을 수행하는 나는 정치 공동체의 일원이고, 이 공동체는 자발적 결사체를 형성해온 정신인 헌법에 따라 움직이고 있다는 믿음을 전제로 한다. 시민 불복종은 헌법에 불복종하는 것이 아니라 법률에 불복종하는 행위다. 시행 중인 어떤 법률에 복종한다는 것은 이에 동의한다는 의미다. 우리가 이의를 제기할 수 있다는 것을 알면서도 이의를 제기하지 않는 것은 동의를 표하는 것과 마찬가지다.

고의적으로 법률을 위반함으로써 시민 불복종을 실천할 수 있다. 해당 법률을 직접 위반할 수도 있지만, 그것이 불가능할 때는 더 경미한 법률을 위반함으로써 불복종 의사를 표현한다. 예를 들어, 국가가 나에게 특정 세금을 부과할 경우, 세금을 내지 않는 방식으로 저항할 수 있다. 교통신호를 지키지 않고 거리를 행진하는 식의 경범죄를 자발적으로 범하면서 불복종 의사를 표현할 수도 있다. 집회 및 시위에 관한 법률에 따라 합법적으로 거리를 행진하는 것은 합법적 의사표현이지 시민 불복종은 아니다.

시민 불복종은 국가의 법적 행위가 시민의 권력에 기초하지 않는다는 확신을 품고 시민이 자신의 권력을 표현하는 행위다. 불복종은 법을 위반하는 형태로 나타나기 때문에 단순한 불법행위처럼 보이기도 한다. 그러나 그것이 정당한 시민 권력의 행사인 한, 이를 단

시민 불복종은 헌법에 불복종하는 것이 아니라
법률에 불복종하는 행위다.

순한 불법행위로 여겨서는 안 된다. 도둑질 같은 불법행위도 고의로 법을 위반하지만 이는 몰래 행하면서 처벌을 회피하는 자기이익 추구행위다. 그러나 시민 불복종을 실천하는 시민은 법을 위반하는 모습을 결코 숨기지 않는다. 공개적인 위반행위라야 자신의 의사를 표현할 수 있기 때문이다. 이런 행위를 처벌할지는 정치적 판단의 대상이 된다.

시민 불복종의 조건

모든 불복종이 시민 불복종인 것은 아니다. 시민 불복종의 조건은 이렇다. 첫째, 시민 불복종은 집단적 이기심의 발로가 아니라 공동의 정치적 의견을 표현하는 것이어야 한다. 모든 사람이 공유할 수 있는 의견에 기반을 두고 표현되는 정치적 의사일 때 우리는 이를 비로소 시민적이라고 말할 수 있다.

둘째, 시민 불복종은 그 행위를 하는 이의 수가 아니라 주장의 질에 근거를 두고 판단한다. 다수라면 정상적인 대의기관을 통해 의사를 관철할 수 있다. 소수에 불과하다면 불복종을 선택해 다수의 관심을 끌어 동의를 얻으려 한다. 시민 불복종은 숫자로 판단할 것이 아니라, 양식과 식견을 바탕으로 사람들을 설득할 수 있는지에 따라 판단해야 한다.

셋째, 불복종이 단지 개인적이거나 주관적인 신념을 표현하는 것에 그쳐서는 '시민적'이라는 수식어에 부합할 수 없다. 의견을 제시할 때는 다른 사람과 소통할 수 있고, 나눌 수 있고, 설득할 수 있는 의견이라야 한다. 시민 불복종은 비록 소수라 하더라도 개인이 아니라 집단의 이름으로 실행되는 것이다.

또한 시민 불복종은 이미 확립된 법과 권위에 도전하는 행위다. 이 도전은 공개적이고, 그 근거는 문제가 되는 법이 시민의 권력과 불일치한다는 판단에 있다. 물론 그런 의사를 헌법소원 같은 법적 절차를 통해서도 표명할 수 있다. 그러나 변화를 이끌어낼 수 있는 정상적인 통로가 더 이상 기능하지 않는다고 판단할 때 또는 불만이 제대로 청취되지 않거나 처리되지 않는다고 확신할 때 사람들은 시민 불복종을 시도한다. 정부가 마땅히 갖춰야 할 정통성 또는 합헌성이 심각하게 의심될 때 또는 문제 있는 방향으로 정부가 움직이려 하거나 그런 정책을 추진할 때도 시민 불복종은 정당성을 얻는다.

어떤 법이 불편하다는 점은 시민 불복종의 이유가 될 수 없다. 법은 대체로 우리를 불편하게 한다. 불편한 법과 나쁜 법은 구별해야 한다. 시민 불복종의 불법성에 대한 판단은 불복종의 대상이 된 법에 달려 있지, 불복종 자체의 범법성 여부에 달려 있는 것이 아니다.

권력과 폭력

지금까지 살펴본 대로 아렌트의 관점에 따르면 권력은 폭력과 근본적으로 구분된다. 개념을 엄밀히 따지지 않고 단지 일상적 어법에 따라 폭력과 권력을 생각해보면, 그 둘은 모두 힘의 행사라는 점에서 종종 혼동된다. 그러나 폭력은 항상 도구적 성격을 띤다. 폭력

권력은 폭력과 근본적으로 구분된다.
폭력은 도구성을 면할 수 없다.
권력은 그 자체에 이미 적법성이 있다.

우산혁명이 한창이던
2014년 11월 30일의 홍콩.
시민 불복종의 불법성에 대한 판단은
불복종의 대상이 된 법에 달려 있지,
불복종 자체의 범법성 여부에
달려 있는 것이 아니다.

행위는 실제로 도구를 사용한다. 폭력의 도구는 육체적인 힘을 증폭시키려는 목적으로 설계되고 사용된다. 폭력에 비폭력으로 저항하면 저항자는 인간이 아니라 폭력의 도구와 직면하게 된다. 이처럼 폭력은 도구성을 면할 수 없다.

권력은 폭력과 전혀 다르다. 권력은 더불어 살아가는 세상의 본질이다. 권력은 사람들이 모여서 공동행위를 하는 곳이라면 어디에서나 생기며, 정치 공동체가 인위적으로 형성된 바로 그곳에 내재한다. 권력은 사람들이 모여서 서로 합의와 약속, 서약을 함으로써 형성되는 것이므로 그 자체에 이미 적법성^{legitimacy 또는 정통성}이 있다. 권력은 정당화가 필요하지 않다. 권력의 정통성은 그 권력이 최초로 형성된 모임, 최초의 공동행위에서 나온다. 최초의 공동행위란 혁명처럼 새로운 질서를 만들어내는 공동행위를 말한다.

폭력은 다른 모든 수단과 마찬가지로 그것이 추구하는 목적에 이끌리게 되고, 그 목적을 통해 정당화되기를 기대한다. 폭력은 정당화될 수 있지만, 그 자체로는 결코 정통성을 갖추지 못한다. 어떤 권력의 정통성이 도전받을 때는 그 권력이 형성된 과거 역사를 들여다보게 된다. 그런데 수단으로 사용되는 폭력을 정당화하려면 그것이 복무하는 미래의 목적을 내다보아야 한다. 미래의 목적이 현재에서 멀면 멀수록 정당화할 수 있는 폭력은 더 적어진다.

시민의 권력과 정부

아렌트적 관점에 따라 정부를 권력 및 폭력 개념과 연관해 살펴보면, 권력은 정부의 본질이 될 수 있지만 폭력은 그럴 수 없음을 알게 된다. 폭력은 언제나 수단일 뿐이고, 수단에 불과한 것이 다른 것의 본질이 될 수는 없기 때문이다. 반면 권력은 목적을 이루는 수단으로 간주되지 않는다. 권력은 그 자체가 목적이다. 본질적인 측면에서 정부는 조직되고 제도화된 권력이다. 제도는 권력이 구체화되어 나타난 것이다.

폭압적 정부의 경우 권력과 폭력이 구분되지 않는다. 그런데 정부가 폭력에 의존해 국가를 운영하더라도, 실제로 폭력 수단을 운영하는 자가 국가의 명령에 더 이상 복종하지 않는다면 그 폭력 수단은 무용지물이 된다. 폭력 수단을 운영하는 자는 대부분 피지배자인데, 그가 자신의 권한을 인식해 상부에서 명령하는데도 폭력 수단을 사용하지 않는다면 정부는 무력해진다. 시민 권력이 현저하게 발현돼 국가 폭력에 대항할 때 이런 일이 종종 발생한다.

폭력에만 전적으로 의존하는 통치자는 과연 국가를 운영할 수 있을까? 아렌트는 불가능하다고 생각한다. 적어도 폭력 수단을 운영하는 이들만큼은 통치자의 뜻대로 움직여주어야 하므로, 통치자는 그들과 친밀한 관계를 유지해야만 하기 때문이다. 그들에게까지 모두 폭력적으로 대한다면, 통치자는 곧 역습당하게 될 것이다. 따라서 통치자는 개인이 아니라 집단으로 존재하고, 통치 계층은 폭력 수단을 점유해 국가를 강압으로 통치하려 할 것이다. 도와주는 사람 없이 혼자서는 결코 성공적으로 폭력을 사용할 수 없다. 그러므로 폭력은 사실상 권력에 의존해서만 작동한다고 할 수 있다.

폭력에만 전적으로 의존하는 통치자는
과연 국가를 운영할 수 있을까?
아렌트는 불가능하다고 생각한다.

이렇게 볼 때 폭력과 권력은 정반대의 성격을 띤다. 폭력이 최고조에 달하게 될 때 권력은 힘을 잃고, 권력이 막강할 때 폭력은 가장 약해진다. 우리는 민주사회에서 시민이 추구해야 할 권력의 본질을 바로 이렇게 이해할 수 있다.

더 읽고 더 생각하기

· 제12장의 내용은 『공화국의 위기』에 나오는 「시민불복종」과 「폭력론」의 주제를 다룬 것이다.
· 서양의 전통적 권력 개념에 대해서는 『아모르 문디에서 레스 푸블리카로』의 제11장에서 상세히 설명한다.

폭력이 최고조에 달하게 될 때 권력은 힘을 잃고,
권력이 막강할 때 폭력은 가장 약해진다.

행위로서의 정치와 관찰자

아렌트의 저술에서 시도되는 정치에 대한 대부분 논의는 정치가 또는 행위자의 관점에서 쓴 것이다. 그런데 생의 후반, 즉 1970년대 전후에 쓴 저술에서는 행위자가 아니라 관찰자의 정치적 의미와 역할에 대한 고민이 드러난다. 이런 변화는 1960년대 후반 뉴욕의 뉴 스쿨New School for Social Research에서 했던 칸트 정치철학 강의에서부터 나타나며, 『공화국의 위기』에 실린 거짓말에 대한 글이나 법과 시민 불복종에 대한 글에서도 정치를 바라보고 개입하는 관찰자의 관점이 여실히 드러난다. 이런 변화로 나는 만년의 아렌트의 사상을 시민의 정치로 해석할 수 있었다.

행위자의 정치나 관찰자의 정치에 대한 고민은 이전 저술에서도 나타난다. 특히 『예루살렘의 아이히만』이 변화의 동인이 되었다고 생각한다. 악의 평범성을 해명하기 위해 사유 개념을 끌어들이면서, 정치행위에 대한 사유의 의미를 묻는 방향으로 나아갈 수 있었기 때문이다. 이후 아렌트는 이 문제의식을 발전시켜 그 내용을 사망 직전까지 작업했지만 결국 미완의 저작으로 남은 『정신의 삶』 제1권과 제2권에 펼쳐 놓는다. 아렌트가 쓰지 못한 제3권은 판단에 관한 책으로 관찰자의 관점에서 정치를 다룰 부분이었다. 아렌트의 판단 이론은, 정치적인 것을 다룰 때 정신은 어떻게 작용하는지, 의견에 기초한 판단이 정치적으로 어떻게 바람직하게 작용하는지 논한다.

아렌트는 정치판단을 다루면서 칸트의 『판단력비판』$^{Kritik\ der}$ ^{Urteilskraft}을 크게 활용한다. 칸트는 이 책에서 예술과 역사를 다룬다고 했지만, 아렌트는 여기에 정치철학이 숨어 있다고 여기고 이를 해석해낸다. 우선 아렌트는 정치의 핵심을 다루며 『인간의 조건』에서 설명한 '정치적인 것' 개념을 그대로 유지한다. 『판단력비판』이 '정치적인 것'에 대해 개인이 제출하는 '의견'을 어떤 방식으로 다루고 평가하며 소통할 것인지 설명하는 '의견의 정치'를 위한 중요한 도구가 된 것이다.

아렌트의 판단 이론은 정치를 보고 다루는 주체를 관찰자로서의 시민으로 상정할 때 잘 이해할 수 있다. 이는 시민이 어떻게 정치에 참여할 것인지, 어떠한 관점으로 정치에 접근할 것인지, 또 정치적 사안에 대한 판단이 정치에서 어떻게 작용할 것인지 잘 보여준다. 이러한 관점에서 아렌트를 파악하면 그의 사상은 시민적 공화주의 관점에서 시민의 덕성을 요구하는 마이클 샌델$^{Michael\ Sandel,\ 1953\sim}$의 정치사상과 잘 연결된다. 이 때문에 나는 그동안 샌델의 책들을 한국에 소개하는 데 나름의 노력을 기울였다.

아렌트의 판단 이론은,
정치적인 것을 다룰 때 정신은 어떻게 작용하는지,
의견에 기초한 판단이 정치적으로
어떻게 바람직하게 작용하는지 논의한다.

아렌트와 『판단력비판』

정치는 실천의 영역이므로 『실천이성비판』*Kritik der praktischen Vernunft*
이 아렌트 정치철학에 더 적절한 텍스트라고 생각할 수도 있다. 그
런데 『판단력비판』을 활용한 데는 몇 가지 이유가 있다. 첫째, 도덕
철학은 국가 조직의 문제에 전혀 도움을 주지 못한다는 점이다. 사
실 칸트 자신도 정치는 도덕의 문제가 아니라고 생각했다. 칸트가
생각한 정치의 문제는 사람들이 도덕적이지 않고서도 좋은 시민이
될 수 있는 방법을 찾는 것이었다. 칸트와 아렌트는 도덕성을 갖춘
다고 훌륭한 시민이 되는 것은 아니며, 도덕과 정치는 다른 층위에
서 작동한다는 인식을 공유했다. 둘째, 두 사람은 도덕은 개인의 행
위에 국한되지만 정치는 공적 행위라는 인식도 공유했다. 『실천이
성비판』의 "나는 어떻게 행동해야 하는가?"라는 과제는 개인의 차
원으로 던져진 도덕적 질문이고, 심지어 타인과 무관하게 작용하는
이성에 초점을 맞추고 있다. 셋째, 칸트의 도덕은 지구상에 발을 딛
고 살아가는 인간 삶의 다양한 모습에는 관심을 두지 않는다. 칸트
에게 도덕은, 아렌트가 정치를 가능하게 하는 조건이라고 생각했던
인간의 복수성과 무관한 것으로서, 그는 인간을 보편적인 이성적
존재로 보고 논의를 진행한다. 이런 이유로 아렌트는 『실천이성비
판』에서 정치철학을 찾을 수 없었던 것이다.

취미판단과 정치판단

아렌트는 『판단력비판』에서 정치 문제를 다룰 수 있는 중요한 개

넘을 발견한다. 바로 '취미'taste라는 정신 작용으로, 이는 개별자를 보편적 원리로 환원하지 않고 그 자체로 특성에 따라 다룰 수 있는 인간 정신의 기능이다. 취미, 취향, 입맛 등으로 번역할 수 있는 이 말은 예술작품에 대해 사람들이 내리는 판단의 근거다. 우리는 예술작품에 대한 평가와 판단이 보편타당한 진리라고 생각하지 않지만, 그 나름대로의 설득력과 타당성이 있다고 생각한다. 물론 항상 논란의 여지는 남겨두지만 말이다. 취미판단은 이성에 기반을 둔 과학적이거나 도덕적인 보편적 판단과는 다르다. 취미판단은 보편으로의 환원을 통해서가 아니라 특수하고 개별적인 특성 자체에 주목하고 그 특성을 잘 살려내는 판단이다. 이렇게 보면, 아렌트가 항상 변화하고 복잡한 인간관계의 망 속에서 벌어지는 예측 불가능한 일들로 충만한 인간사를 다룰 수 있는 정신의 기능으로 취미판단에 주목한 것은 당연해 보인다.

취미판단에서 중요한 것은 판단 내용이 소통 가능해야 한다는 점이다. 보편적 기준을 따르지 않고서도 다양한 의견과 판단에 동의를 구할 수 있고 보편적으로 인정받는다는 것이 어떻게 가능한지가 중요하다. 그런 판단을 어떻게 만들어내는지도 중요하다. 여기서 아렌트가 주목한 개념이 공통감각sensus communis이다.

공통감각은 '감각'이라는 의미의 sensus와 '공통의' 또는 '공동체의'라는 의미의 communis를 합친 말이다. 영어로는 공동체감각community sense 또는 공통감각common sense이라고 옮긴다. 후자는 우리말로 주로 '상식'이라고 옮긴다. 이 개념은 칸트가 아니라 이탈리아 역사학자 잠바티스타 비코$^{Giambattista\ Vico}$가 처음 사용했다. 비코는 데카르트와 동시대 사람으로, 이성을 중심으로 근대철학의 새 지평을 열었던 데카르트의 급진적인 자유주의적 사상에 저항했다. 이성에 기반을 둔 자유주의 사상이 사회의 모든 전통과 관습을 전복하려는 데 반해, 비코는 전통에서 물려받은 생각의 토대인 공통감각에 근거해 사회를 유지하고 개선해야 한다고 주장했다.

이런 맥락을 이해하면 'universal'이 아닌 'common'을 사용한 의도가 쉽게 이해된다. 'common'이 'universal'보다 현실에 가까운 개념이기 때문이다. 공통감각은 보편적 이성이 아니라 같은 공동체를 살아가는 사람들이 공유한 감각이다. 우리는 경험을 통해 같은 공동체 구성원들은 쉽게 이해하고 공감하지만 다른 공동체 사람들은 잘 이해하지 못하는 일들이 있다는 것을 알고 있다. 이런 차이를 설명하는 인간 능력이 공통감각이다. 이처럼 우리를 공동체에 어울리게 해주는 감각, 공동체마다 다를 수 있으나 공동체 내에서는 소통할 수 있게 해주는 감각이 우리에게 장착되어 있다.

우리에게 공통감각으로 주어진, 어떤 공유된 기반 때문에 우리는 의견이나 판단을 서로 나눌 수 있다. 공동체는 우리가 정치적 자유를 누리고 평등한 삶을 살아갈 수 있는 가장 기본적인 단위일 것이다. 정치적 판단력이 보편적 원리를 전제하지 않아도 개별자를 개별자 자체로 다루고 판단을 제출할 수 있는 것은 공통감각을 기반으로 두기 때문이다. 이성은 오직 이성의 기준에 따라 보편성을 중심으로 판단하지만, 맥락^{context} 속에서 현실을 보는 공통감각은 개

우리에게 공통으로 주어진, 어떤 공유된 기반 때문에
우리는 의견이나 판단을 서로 나눌 수 있다.

성과 특수성에 민감하게 반응하며 상황의 고유성에 입각한 정치판단을 내릴 수 있게 한다.

아렌트는 진보인가 보수인가

아렌트 정치철학은 때때로 우리에게 진보적이고 급진적이라는 느낌을 주다가도, 어떤 때는 보수적이라는 느낌을 주기도 한다. 어떤 토론 자리에서 아렌트에게 진보인지 보수인지 묻는 이도 있었다. 이때 아렌트는 자신이 진보도 보수도 아니라고 대답했다. 이런 아렌트의 영향을 받아서인지, 만일 어떤 이가 "나는 ○○주의자니까 이런 생각이 내 생각이다"라는 식으로 말하면, 나는 그 사람이 이론을 우선하는지 현실을 우선하는지부터 의심하게 된다. 어떤 이론도 현실을 완전히 해석해낼 수 없으니, 때로는 자신이 신봉하는 이론에서 벗어나 판단해야 할 때도 있을 것이기 때문이다.

아렌트는 정치 현상에 집중하면서 어떤 길을 선택할지 고민했기 때문에, 현실을 중시하는 보수적 태도와 미래 지향적인 진보적 모습을 동시에 갖추고 있다. 사태의 본질에 따라 아렌트는 진보와 보수를 넘나든다.

그뿐만 아니라 아렌트 이론에는 모순되어 보이는 요소가 병존하기도 한다. 정치행위는 소통을 추구하면서도 개성을 드러내는 행위라고 한 것, 인간관계의 망에 주관적 관계와 객관적 관계가 모두 존재한다고 한 것, 인간의 복수성에 '누구 됨'과 '무엇 됨'의 요소가 들어 있다고 한 것 등이 그렇다. 이처럼 병존하는 복수의 측면 가운

사태의 본질에 따라
아렌트는 진보와 보수를 넘나든다.

아렌트는 정치 현상에 집중하면서
어떤 길을 선택할지 고민했기 때문에,
현실을 중시하는 보수적 태도와
미래 지향적인 진보적 모습을
동시에 갖추고 있다.
사태의 본질에 따라
아렌트는 진보와 보수를 넘나든다.

데 어느 한쪽에만 무게를 두고 다른 쪽을 무시한다면, 아렌트 사상을 완전히 오해하게 될 것이다.

정치의 미학화?

아렌트 정치철학을 '정치의 미학화'로 규정하는 경우를 가끔 접하게 된다. 정치의 미학화란 미적 감수성을 토대로 한 실존주의적 결단에 따라 정치에 임하는 것을 말한다. 이는 정치에 대한 비합리주의적 태도이며, 나치 독일이 이러한 방법으로 정치 선전을 수행했다. 정치의 미학화는 파시즘적인 성격을 피할 수 없다. 물론 이는 아렌트가 온몸을 바쳐 싸웠던 것이기도 하다. 따라서 정치의 미학화라는 표현을 아렌트에게 사용하는 것은 큰 오류다.

아렌트는 칸트 미학을 자신의 정치사상을 전개하기 위해 사용했다. 취미판단은 칸트 미학에서 미적 판단을 설명하는 핵심 개념이 맞다. 그러나 취미판단이 예술 작품의 미적 측면을 잘 포착한다고 해서, 아렌트가 정치적인 것을 다룰 때 그 중심에 미적 감성을 놓은 것은 아니다. 우리는 아렌트가 취미판단을 활용해 정치의 개성적인 부분을 다루면서도 이와 동시에 소통 가능성, 그것도 보편적 소통 가능성을 향해 나아간다는 점을 결코 놓쳐서는 안 된다. 아렌트는 표현과 소통 가운데 한편으로 치우치지 않고 종합적으로 수렴하는 이론을 전개했음을 기억하자.

정치에서의 거짓말

최근 우리 정치에서 가장 문제가 되는 것 가운데 하나가 '페이크 뉴스'다. 거짓 정보를 퍼뜨려 판단에 혼란을 주기 때문이다. 올바른 정치판단을 위해 가장 중요한 요소가 사실을 정확히 이해하는 것이라면, 거짓 정보는 정말로 심각한 문제인 셈이다.

아렌트는 전체주의를 비판하면서 또 1960년대 베트남전쟁에 관한 미국 정부의 거짓말을 비판하면서 정치에서 작동하는 거짓을 다룬다. 특히 후자는 『공화국의 위기』의 첫 번째 논문의 주제이기도 하다.

아렌트가 거짓과 관련해 주목했던 몇 가지 요소를 살펴보자. 첫째, 정치 홍보를 통해 거짓이 작동하는 방식이다. 정부는 국정을 홍보하기 위해, 정치가는 자신의 생각을 알리기 위해 홍보 기법을 사용한다. 홍보란 시장경제에서 구매자의 이목을 끄는 상품 광고를 모델로 한다. 이때 홍보는 해당 상품의 모든 것을 알려주는 것이 아니라, 구매자의 욕구에 초점을 맞춘다. 정치 홍보도 마찬가지다. 정치가들은 우리가 듣기 원하는 정보만 들려준다. 따라서 정부나 정치가가 전하는 정보를 전부 진실하다고 믿어서는 안 된다. 우리는 실체를 정확히 알기 위해 따로 노력해야 한다.

둘째, 연구소, 싱크탱크의 학자나 정책입안자가 현실을 이론화할 때 발생하는 현실 유리 현상이다. 정책을 만들 때 이들은 논리적이고 합리적인 관점에 입각해 공통적이고 보편적인 결론을 이끌어내려 하는데, 이처럼 추상성을 강화하고 논리를 중시하다 보면 사실을 배제하고 무시하는 데까지 이를 수 있다는 것이다. 무슨 법칙이 있는 것처럼 정치 문제를 해결하려 할 때 현실과 유리될 위험이 크다.

고의적인 거짓말은 우리의 이성과 갈등을 잘 일으키지 않는다. 거짓말은 합리성을 따라 만들어진 이야기라서 종종 현실보다 더 합리적이고 호소력이 있어 보인다. 전체주의 체제는 현실에 기반을 두지 않은 채 합리성과 논리성을 바탕으로 이데올로기를 형성하고 현실을 여기에 맞추어 변화시키려 한다. 이런 이유에서 전체주의 체제는 거짓 체제다. 아렌트는 거짓 체제가 잘 작동할 수 있는 것 같아도 결국 순식간에 무너지게 된다고 말한다. 거짓이 힘이 있는 것 같아도 사실의 힘은 그보다 더 크기 때문이다. 이러한 아렌트의 지적은 구소련의 공산주의 체제가 일순간에 괴멸할 것을 예견한 것으로 평가받는다.

거짓 체제는 아무리 튼튼하고 견고해 보여도, 사실에 기반을 두지 않았기 때문에 무력하다. 우리는 사실을 정확히 포착하고 이에 기초해 정치판단을 해야 한다.

더 읽고 더 생각하기

· 1960년대 후반에 진행된 아렌트의 칸트 정치철학 강의는 아렌트 유고집 『칸트 정치철학 강의』 전반부에 실려 있다.
· 정치와 거짓말에 대한 논의는 『공화국의 위기』의 첫 번째 논문 「정치에서의 거짓말」에서 다룬다.

고의적인 거짓말은
우리의 이성과 갈등을 잘 일으키지 않는다.
거짓말은 합리성을 따라 만들어진 이야기라서
종종 현실보다
더 합리적이고 호소력이 있어 보인다.

· 샌델과 아렌트 사상의 관계는 마이클 샌델, 김선욱 외 옮김, 『정치와 도덕을 말하다』(와이즈베리, 2006)의 말미에 내가 쓴 「해제」에 언급되어 있다.

바드 칼리지 캠퍼스 안에 있는 아렌트의 비석.
그 아래 아렌트의 재가 묻혀 있다.
화장은 유대인의 풍습이 아니었지만 아렌트가 장례책임자로 정했던
메리 메카시(Mary McCarthy, 1912~89)는
아렌트의 친척들이 반대했는데도 화장을 강행해,
앞서 세상을 떠난 아렌트의 남편
하인리히 블뤼허(Heinrich Blücher, 1899~1970) 옆에 그 재를 묻었다.

정치의 중립성

지금까지 우리는 아렌트 정치철학에 대해 살펴보았다. 나는 가끔 학생에게 아렌트의 이런 생각이 학문이나 철학으로 불리기에는 정치적으로 편파적이지 않느냐는 질문을 받는다. 학자는 정치적으로 중립성을 견지해야 하는 것이 아니냐는 질문도 받는다. 그렇다면 정치적 중립성은 과연 무엇을 의미하는가.

정치적으로 갈등이 빚어진 상황에서 어느 한쪽을 일방적으로 지지하거나 비판한다면 우리는 이를 '편파적'이라고 부른다. 정치적으로 편파적인 관점을 일관되게 취한다면 그것은 학문이 될 수 없고 단지 정치 선전에 머무를 뿐이다. 그렇다고 정치적 중립이 아무도 지지하지 않거나 아무런 비판도 하지 않는 것을 의미하지는 않는다. 옳고 그름에 대한 판단 자체를 하지 않는 것은 중립의 의미와는 거리가 멀다.

중요한 것은 현실을 올바르게 판단하는 것이고, 그 판단을 바탕으로 만들어가는 좋은 세상이다. 그런 기준에 따라 중립적으로 생각하고 올바르게 판단한다면, 비판해야 할 것은 확실히 비판하고, 옹호해야 할 것은 확실히 옹호하게 된다. 사안에 따라 지지와 비판이 교차할 수도 있다. 공정한 학자가 잘못된 집단에 줄곧 비판을 가한다면, 그것은 편파적이어서가 아니라 해당 집단이 근본적으로 잘못되었기 때문이다. 학문과 학자의 학문적 중립성은 학문적 공정성과 타당성의 문제인 것이다.

아렌트는 우리에게 판단을 내릴 줄 알아야 한다고 강조한다. 잘못된 판단이라도 아예 판단을 내리지 않는 것보다 내리는 것이 좋다고 한다. 사람은 실수할 수도 있고 잘못된 판단을 내릴 수도 있다. 잘못된 판단은 다른 사람과 소통하면서 수정하고 교정함으로써 바로잡을 수 있다. 판단을 내릴 때 자신의 관점만을 고집하지 않고, 생각을 거듭해 사태를 면밀히 파악하고 자신의 관점을 수정하는 용기가 필요하다. 그러나 판단을 아예 내리지 않으면 옳고 그름을 알 수 없게 된다.

시민의 정치윤리

아렌트 정치철학을 공부하면 정치적으로 해서는 안 될 것과 반드시 해야 할 것을 구분할 수 있다. 특히 시민으로서 마땅히 지녀야 할 태도를 아렌트는 곳곳에서 지적한다. 아렌트 정치사상의 이런 점들을 정리해본다면, 우리는 그것을 '정치윤리'라고 표현할 수 있을 것이다.

지금까지 우리가 함께 살펴보았던 내용 가운데 정치윤리의 요소

잘못된 판단이라도 아예 판단을 내리지 않는 것보다 낫다.

를 끄집어내면 다음과 같다.

첫째, 우리는 사회적인 것과 정치적인 것을 개념적으로 명확히 구분할 수 있어야 한다. 또한 각각의 개념에 부합하는 적절한 생각을 할 수 있어야 한다. 현실에서 이 둘은 복합적으로 얽혀 있지만, 문제를 해결하기 위해서는 이 둘을 잘 분리해 사회적인 것은 전문가적 방식으로, 정치적인 것은 시민의 합의에 따라 적절히 판단해야 한다.

둘째, 우리는 정치적 문제에 대한 판단을 유보하고 이를 가만히 지켜보고만 있을 것이 아니라 나름대로 판단을 내리고 소통을 시도해야 한다. 사안이 복잡하고 까다로우면 판단하기까지 시간이 걸릴 수 있다. 때로는 자신의 판단을 감출 수도 있다. 하지만 판단을 내리지 않고 생각 없이 살아서는 안 된다. 잘못된 판단은 대화를 하면서 교정할 수 있지만 판단을 내리지 않고 살면 판단 능력 자체가 없어진다.

셋째, 판단과 의견에 절대적 기준이 없고 다양성이 중요해도, 옳고 그름 자체가 아예 없는 것은 아니다. 우리는 판단이 올바른지 아닌지 따져보는 과정을 거쳐야 한다. 이는 대화와 소통을 함으로써 해결할 수 있다. 깊은 사색과 숙고도 대화와 소통을 통해 확인하고 공유해야 올바른 정치적 판단으로 기능할 수 있다.

넷째, 정치적으로 올바른 판단을 내리기 위해 우리는 나 또는 내가 속한 집단의 사적인 이해관계를 초월할 수 있어야 한다. 정치 문제는 공적 문제다. 따라서 정치 문제는 공적인 태도로 판단하고 수행해야 한다. 정치에 사적 이해관계가 개입하면 공적 지평이 붕괴된다. 물론 정치라 하더라도 사적 삶을 완전히 버리고 공적 삶만 살 수는 없다. 그런 삶은 곧 천박해지기 때문이다. 사적 삶은 삶의 깊이를 더해주는 요소이므로 누구나 이를 소중히 다루어야 한다. 하지만 정치 문제를 다룰 때 개인적으로나 집단적으로 사적인 것을 개입하려 해서는 안 된다.

끝으로, 무엇보다 가장 중요한 부분은, 정치공간은 어떠한 경우에도 유지하고 장려해야 한다는 점이다. 이것이 정치적인 삶의 시작이자 최고의 보루이기 때문이다. 우리가 끊임없이 대화를 나누고 소통할 때 정치공간은 바로 그곳에서 모습을 드러내고 힘을 발휘하게 된다.

아렌트 사상의 깊이로

아렌트는 정치사상가이지만 이와 동시에 생각의 깊이로 우리를 이끄는 훌륭한 철학자다. 이 책의 목표는 아렌트 정치사상의 이러저러한 맛을 보는 것이므로, 이후 아렌트의 저서를 직접 읽는다면 풍성한 그의 사상에 금방 매료될 것이다.

아렌트는 우리에게 자신의 철학을 강요하지 않는다. 아렌트는 자신과 함께 사유하도록 우리를 이끈다. 그래서 우리는 아렌트를 읽을 때 생각이 깊어진다.

지금까지 이 책을 통해 설명한 것은 아렌트 사상의 작은 부분에 지나지 않는다. 심지어 내 졸렬한 해석이 많이 개입되어 있다. 그러

아렌트는 우리에게 자신의 철학을 강요하지 않는다.
아렌트는 자신과 함께 사유하도록 우리를 이끈다.

므로 이제 독자 여러분은 이 책을 쓰레기통에 버리시고, 아렌트의 저서와 함께 새로운 여행을 떠나보시길 권한다. 이곳까지 이르게 한 사다리에 불과한 이 책이 이제는 필요 없을 것이다.

한나 아렌트의 생각

오늘 우리에게 한나 아렌트는 무엇을 말하는가

지은이 김선욱
펴낸이 김언호

펴낸곳 (주)도서출판 한길사
등록 1976년 12월 24일 제74호
주소 10881 경기도 파주시 광인사길 37
홈페이지 www.hangilsa.co.kr
전자우편 hangilsa@hangilsa.co.kr
전화 031-955-2000~3 팩스 031-955-2005

부사장 박관순 총괄이사 김서영 관리이사 곽명호
영업이사 이경호 경영이사 김관영 편집주간 백은숙
편집 박희진 노유연 이한민 박홍민 김영길
마케팅 정아린 관리 이주환 문주상 이희문 원선아 이진아
디자인 창포 031-955-2097
CTP 출력 및 인쇄 예림 제책 예림바인딩

제1판 제1쇄 2017년 12월 14일
제1판 제4쇄 2023년 9월 5일

값 16,000원
ISBN 978-89-356-7042-0 04080
978-89-356-7041-3 (세트)